北京古籍叢書

（清）梁份（清）潘祖蔭 劉仁甫 著
姜鵬 標點

帝陵圖說

外三種

圖書在版編目（CIP）數據

帝陵圖説 ：外三種 /（清）梁份，（清）潘祖蔭，劉仁甫著；姜鵬標點. — 北京 ：北京出版社，2023.10
（北京古籍叢書）
ISBN 978-7-200-16990-4

Ⅰ. ①帝… Ⅱ. ①梁… ②潘… ③劉… ④姜… Ⅲ. ①帝王—陵墓—中國—明清時代 Ⅳ. ①K928.76

中國版本圖書館CIP數據核字（2017）第018523號

項目策劃：安　東　高立志　　特約編輯：白　帆
責任編輯：喬天一　张　帅　　責任營銷：猫　娘
責任印製：陳冬梅　　裝幀設計：郭　宇

北京古籍叢書
帝陵圖説
外三種
（清）梁份 （清）潘祖蔭 劉仁甫 著 姜鵬 標點

出　版　北京出版集團
　　　　北京出版社
地　址　北京北三環中路六號
郵　編　一〇〇一二〇
網　址　www.bph.com.cn
總發行　北京出版集團
經　銷　新華書店
印　刷　北京虎彩文化傳播有限公司
開　本　八八〇毫米×一二三〇毫米　三十二
印　張　六點二五
字　數　一〇二千字
版　次　二〇二三年十月第一版
印　次　二〇二三年十月第一次印刷

書號　ISBN 978-7-200-16990-4
定價　68.00 圓

整理前言

自上世紀三十年代起，針對明清陵寢的研究已近百年，至今仍方興未艾。隨著研究的不斷深入，整理相關文獻的需求也相當迫切。本書收録《帝陵圖説》《前明十三陵始末圖説》及《東陵日記》《西陵日記》四種文獻，是獨立於官修文獻之外的專門性個人著作，兼具歷史學、建築學、地理學、文學等多重價值。明清兩朝皇家陵寢對外採取極爲嚴厲的封閉政策，因此，以個人視角對明清陵寢進行記録的文獻較爲稀缺。《帝陵圖説》《前明十三陵始末圖説》以及《東陵日記》《西陵日記》四種相關文獻，以作者實地勘驗的方式、親身參與的體驗，對明清陵寢的建築、制度、文化等多方面進行詳盡的記載，並保存了較早、較完善的記録，具有不可替代的文獻價值。

上述四種文獻的前二種爲明十三陵的相關記録，《帝陵圖説》成書於清初，《前明十三陵始末圖説》成書於民國；後二種《東陵日記》、《西陵日記》是對清代陵寢的相關記録，成書於清代晚期。這四種文獻對明清帝王陵寢都有著獨到的考察視角，尤其因各文獻所産生的時代有所不同，因之保存下了不同時期明清帝王陵寢風貌，具有極爲珍貴的文獻價值。

一、《帝陵圖説》，國家圖書館藏，民國烏絲欄抄本。

作者梁份，字質人，江西南豐人。清代地理學家、文學家。他幼有遠志，以舉子之業爲不值，而拜謝文遊弟子邵睿明爲師，研習理學，後從彭士望、魏禧爲學，得易堂學問。易堂九子所倡爲經世濟用之學，更以氣節文章名聞海内，梁份所行，便是此途。彭士望曾稱讚其曰：「余門下生之患難、坎壈、艱危，誰有如梁生之甚？而生之志則益堅，氣益鋭，持大義，雖百折九死，曾不挫其毫末。此其人所易及哉！」《南豐縣志》卷二十五《梁份傳》則稱其「尚氣節，有經濟才，終身不樂仕進」。

明亡之時，梁份不過三歲，然其遺民之志卻不減易堂諸子。康熙十二年，吴三桂起兵，梁份亦曾入其部將韓大任麾下，後雖兵敗，但復明之心矢志不移，留意於經世濟用，山川形勝。他遍歷河西之地，歷時六年，終寫成重要的地理著作《西陲今略》，其心其志皆指向深遠。《清史稿》載：「（份）嘗隻身遊萬里，西盡武威、張掖，南極黔、滇，遍歷燕、趙、秦、晉、齊、魏之墟，覽山川形勢，訪古今成敗得失，遐荒軼事，一發之於文。」有此家國深情、方輿功夫，康熙四十二年（1703）梁份步謁皇陵，與新安人黄曰瑚共同對十三陵進行較爲系統的勘察，「份爲圖説，曰瑚步跬」，撰成《帝陵圖説》。吴銘道撰《〈帝陵圖説〉書後》曾慨歎道：「嗚呼！先皇帝三百年式憑之天壽山，五六十年來，僅僅一二遺民於摧傷斬伐之餘，撥雉兔芻蕘之跡，或得之樵人指數，或得之野老傳聞，紀成一編，以備逸史，此非有大隱慟於其中者，必不能也。」

明清陵谷之變，明末士大夫甘爲遺民者，嘗以訪先皇故陵爲情感依歸，有詩文唱和者不知凡幾，有撰文考據者不知凡幾。除梁份外，顧炎武的《昌平山水記》也值得我們關注。八大山人朱耷曾説：「（梁份）平生足跡遍天下，頗具顧炎武周遊四方之深意。」事實上，梁份撰寫《帝陵圖説》亦是受到了顧氏之啓發。吴銘道在《〈帝陵圖説〉書後》中説：「取顧氏《記》共相質證，因歎有顧氏《記》必不可無此《圖説》，猶之有《史記》必不可無《漢書》。」確乎如此。《昌平山水記》「詳於形勢，旁及山水」，而《圖説》「詳於規制，特悉諸陵」及「陵所麗之山水」，今讀此書者亦可兩者並讀，則其跡愈詳，其思愈深。

全書共三卷，吴銘道在《〈帝陵圖説〉書後》中稱：「圖凡十五，天壽山至攢宫十四圖，爲二卷；金山圖洎景帝陵，爲三卷。虚首卷者，將有事於鍾山孝陵也。」卷一爲《鍾山圖説》《孝陵圖説》，但有圖無説，所謂「虚首卷」者即指此，圖或爲後來補加。卷二爲明十三陵圖説，以《天壽山》爲總説，後對諸陵逐一詳細敘述，其間不但記録了陵寢建築的規模、形制、完缺、植被等情況，在考證陵寢營建始末、沿革變遷等史事上也頗下功夫。卷三有《金山圖》一幅，並載《金山》《景皇帝陵》二説，對金山和明景帝陵的情況記述頗詳。

同時，《帝陵圖説》有别於其他十三陵記之處，在於作者在書中灌注了史學家的思考與觀照，以及濃烈的故國之思。如其敘述定陵營建始末後，對於當時君臣昏聵，奸邪當道的局面頗有慨歎：「壽宫之建也，惜哉邪臣主其事，庸相贊其成，雖有抗言力諍，議論之盈庭，而一人偏聽之過、遂非之心，欲以挽回，而卒莫可挽回。則當日之國政類如斯者，夫豈少哉？」尤以對崇禎陵寢的討論爲著。如他認爲時人對崇禎帝陵稱呼不當：「烈皇帝殯於田妃墓，國恥未雪，不謂之攢宫不可也，以陵稱不可也，以思稱尤不可也。紹宗追尊端皇帝也，陵曰思陵，則以思陵稱攢宫者，皆未之思也。」再如對於崇禎的謚號問題，他也有自己的深思：「古今無不亡之國，無不喪之身，當國亡身喪，而正大光明、轟轟烈烈者，烈皇帝一人而已。況國運既衰之日，求治最切，憂勤之深，聖帝明王，無以過此。天下雖亡，大行長存，未可以惡謚加也。南都擬廟號曰『思』，按謚法：『大省兆民曰思，追悔前過曰思。』有議『思』非美謚，給事李清請更之，高弘圖謂：『比德欽明，繼美放勳。』而馬、阮諸人易『思』曰『毅』，夫武宗稱『毅』久矣，奈何不之考也？

蓋謚『思』者既非，而易『毅』者未是，不待左良玉之檄而知其謬誤矣。福京改曰『威宗』，誠定謚也。他則惡謚矣。左宗郢有云：『宋高宗時加秦檜以盡美之謚，今何嘗稱之？』然則加烈皇帝以惡謚，後人又何嘗稱之？」

如上種種，皆是我們讀此書所不能不察的内容。

《帝陵圖説》以抄本傳世，有丁丙八千卷樓藏本（十三陵文物科所藏者爲其再抄本）與國家圖書館藏本兩個版本。其中國家圖書館藏本圖説俱全，最爲完整，書後附《〈帝陵圖説〉書後》《重書〈帝陵圖説〉後》兩篇跋文及《十三陵記》上下二篇。因之，本次整理亦以此爲底本，比照他本進行考訂整理。

爲本書作跋者爲吴銘道，作記者爲王源。吴銘道字復古，號古雪山民，安徽貴池人，吴應箕之子。平生喜遊名山大川，精詩文，擅長書法，有《古雪山民詩集》八卷。康熙時期，他曾經參與纂修《江南通志》，對山川地理頗有見地。康熙四十三年（1704），又值甲申，《帝陵圖説》書成，遊歷雲南的梁份曾以書示吴銘道，是以爲之跋。作爲跋者，吴銘道深諳顧炎武與梁份爲帝陵存圖留説的互通之心，故在《重書〈帝陵圖説〉後》中稱贊顧氏《孝陵圖詩》「詳備典實」，並説「余以冠之此編，訂爲全書」。惜乎今本《帝陵圖説》未收該詩，而顧詩所描寫的《孝陵圖》更屬前人所未見。爲彌補缺憾，今特録顧氏之詩及序如下，以使此書面目完備：

序曰：臣山傭於重光單閼二月己巳，來謁孝陵，值大雨，稽首門外而去。又二載，昭陽大荒落二月辛丑，再謁。十月戊子，又謁，乃得趨入殿門，徘徊瞻視，鞠躬而登殿上。中官奉帝后神牌二，其後蓋小屋數楹，皆黄瓦，非昔制矣。陞甬道，恭視明樓寶城；出門，周覽故齋宫祠署遺址。牧騎充斥，不便攜筆硯，同行者故陵衛百户東帶玉稍爲指示，退而作圖。念山陵一代典故，以革除之事，實録、會典並無紀述；當先朝時，又爲禁地，非陵官不得入焉，其官於陵者，非中貴則武弁，又不能通諳國制；以故其傳鮮矣。今既不盡知，知亦不能盡圖，而其録於圖者且不盡有，恐天下之人同此心而不獲至者多也，故寫而傳之。臣山傭稽首頓首謹書。

鍾山白草枯，冬月蒸宿霧。十里無立樹，岡阜但回互。寶城獨青青，日色上霜露。殿門達明樓，周遭尚完固。其外有穹碑，巍然當御路。文自成祖爲，千年系明祚。侍衛八石人，祗肅候靈輅。下列石獸六，森然象鹵簿。自馬至獅子，兩兩相比附。中間特崒嵂，有二擎天柱。排立榛莽中，凡此皆尚具。又有神烈山，世宗所封樹。卧碑自崇禎，禁約煩聖諭。石大故不毁，文字猶可句。至於土木工，俱已亡其素。東陵在殿左，先時懿文祔。云有殿二層，去門可百步。正殿門有五，天子升自阼。門内廡三十，左右以次布。門外設兩廚，右殿上所駐。祠署並宮監，羊房暨酒庫。以至各廨宇，並及諸宅務。東西二紅門，四十五巡鋪。一一費搜尋，涉目仍迷瞀。山後更蕭條，兵牧所屯聚。洞然見銘石，崩出常王墓。何代無厄菑，神聖莫能度。幸茲寢園存，皇天永呵護。奄人宿其中，無乃致褻汙。陵衛多官軍，殘毀法不捕。伐木復撤亭，上觸天地怒。雷震樵夫死，梁壓陵賊僕。乃信高廟靈，卻立生畏怖。若夫本衛官，衣食久遺蠹。及今盡流冗，存兩千百户。下國有蟣臣，一年再奔赴。低徊持寸管，能作西京賦。尚慮耳目徧，流傳有錯誤。相逢虞子大，獨記陵木數。未得對東巡，空山論掌故。

王源，是明末清初的古文大家，師從魏源，其《居業堂文集》卷首録方苞爲其所作《王崑繩傳》，其文云：「王源字崑繩，世爲直隸宛平人。父某，明錦衣衛指揮，明亡流轉江淮，寓高郵。源少從其父，喜任俠言兵。少長，從下都魏叔子學古文，性豪邁不可羈束。於並世人視之蔑如也，雖古人亦然，所心慕獨漢諸葛武侯、明王文成。」他與梁份都曾師從魏禧，交情甚佳。作爲歷經陵谷之變的一代人，故國之思常常難忘，王源之父有謁陵之志，未遂而歿，王源本人於康熙四十五年（1706）偕梁份之子文中過昌平，登天壽山。此次謁陵之行按照《帝陵圖説》所提供的線索，「以遂先君之志」。因此，他所作

《十三陵記》既是對親身經歷的記載，又可與《帝陵圖説》形成呼應，具有重要意義。

二、《東陵日記》《西陵日記》，清光緒間刻本。

作者潘祖蔭，字東鏞，號伯寅、鄭庵，江蘇吴縣人，清咸豐二年進士，歷官大理寺少卿，工部、刑部、禮部尚書。潘氏在中樞爲官數十載，曾數次隨扈謁陵，又以久在工部，故長期負責東西兩陵修繕及帝后妃嬪奉安陵寢任務。本書曾於1969年爲臺灣文海出版社《近代中國史料叢刊》所影印，見正編第三十六輯，第354册。

《東陵日記》，以數次辦理東陵任務的年份先後爲次，分乙丑、癸酉、乙亥、丙子、丁丑、戊寅、己卯、丙戌、庚寅九年，分别爲同治四年（1865）隨扈同治帝安葬咸豐帝於定陵，光緒元年（1875）隨扈光緒帝安葬同治帝於惠陵，光緒二年（1876）至光緒五年（1877）奉派修繕東陵工程，光緒十二年（1886）、光緒十六年（1890）兩次隨扈謁東陵的日記。本書詳細記録了作者每次往返東陵的經過，對行程細節記述詳盡，具體到某時某刻處理某事，保留了大量關於清東陵修繕及謁祭的資訊，具有高度的文獻價值。

《西陵日記》記事也以潘祖蔭奉旨辦理西陵事務的年份先後爲次，前後共涉六年，分别爲同治六年（1867）往西陵安葬道光帝之莊順皇貴妃，光緒二年（1876）至光緒六年（1880）查勘修繕西陵，光緒十三年（1887）隨扈慈禧皇太后、光緒帝謁西陵的日記，其體例與《東陵日記》大體相同。書中亦詳細記録了在西陵期間每日的日程、詳細事務以及處理情况。

除上述兩種日記以外，潘祖蔭尚有《瀋陽日記》傳世，所記爲奉諭前往瀋陽查勘福陵碑樓工程的過程。福陵爲清太祖之陵寢，可作爲清代陵寢文獻，供研究者一併參看。

《東陵日記》與《西陵日記》以日記之體，不但記録了作者潘祖蔭前後多次前往清陵的真實情景，並在行程中留下了大量詩歌，對寒來暑往、風霜雨雪間的勞碌辛苦多有感慨，實見潘氏情懷。其詩有感念知遇者，如《叩謁穆宗暫安處恭紀》：「緬惟知遇感，掩袂淚沾襟。」其情真摯；有思親懷鄉者，如《九日得家書感懷》：「迢迢一紙墨華新，骨肉關情語最真。」離别之苦躍然紙上；有心系民瘼者，如《口占》：「莫言行路苦，禾黍喜豐收。」如此種種，所見非一。此外，潘詩之中尚有行路見聞、交遊倡和、懷古幽思等内容，非常豐富。於記事之餘抒發個人感受，亦是當時個人行記的特點之一。

如上所述，這兩部文獻不但對於清代陵寢制度研究有著非常高的文獻價值，同時在歷史學、地理學、文學的研究中也有著獨特的價值，當深察之。

三、《前明十三陵始末圖説》，中國科學院圖書館藏，鉛印本，劉仁甫編。

該書一名《前明十三陵始末記》，爲民國時期作品，共一卷，因其有石印陵圖一幅，故又以《前明十三陵始末圖説》命名。本書主要記載各陵寢的墓主身份、卜選營建、建築規制、陪葬各墓等内容。書後附載關於各陵詩文、題辭、楹聯等，既是學術意義上的明十三陵研究之始，也是至今仍較有價值的維修勘察工作記録。

該書所附清代帝王關於十三陵的詔諭、詩文、題辭，體現了清朝統治者對於前明帝王的政治態度。尤其在對待崇禎帝思陵的態度上，可以看到清初統治者對漢人士紳階層的籠絡與收買。如書中所載《前清世祖章皇帝諭修明崇禎帝陵詔》云：「頃者兩幸昌平，周視明代陵隧，躬親盥奠，俯仰徘徊。以彼諸陵規制咸壯麗相因，獨愍帝之陵荒凉卑隘，典物未昭。原彼當年孜孜求治，宵旰不遑，祇以有君無臣，薄海鼎沸，洎乎國步傾危，身殉社稷。揆之正終之例，豈同亡國之君？朕於憑弔之餘，撫往興悲，不禁流涕。因欲繕治陵寢，丹堊几楹，慰靈爽於九京，彰異數於奕禩。……爾等溯厥源流，夙沐前朝之澤，凡兹臣庶，寧無故主之思？矧愍帝之終異於往葉，而勸忠之感當有同心。或列籍薦紳，或齒登編户，恩沾累世，德濊高曾。勿以革故爲嫌，致歉事亡之誼。」思陵之建與「揚州十日」「嘉定三屠」「江南三大案」同時存在，折射出清王朝對於漢族士紳階級的懷柔與震懾並行，不可不察。此外，書中所附乾隆帝《北幸昌平謁明陵八韻》《又哀明陵三十韻》《過清河望明陵各題句》，嘉慶帝《謁明陵八韻》，俱以帝王視角，懷古詠史，亦頗爲可觀。

限於個人水準，本次整理《帝陵圖説》等四種文獻，闕誤之處在所難免，望廣大讀者予以批評指正。

姜鵬

二〇二三年三月

目　録

帝陵圖説卷之三……八七

帝陵圖說

帝陵圖説卷之一

鍾山全圖（缺）

孝陵圖（缺）

帝陵圖說卷之二

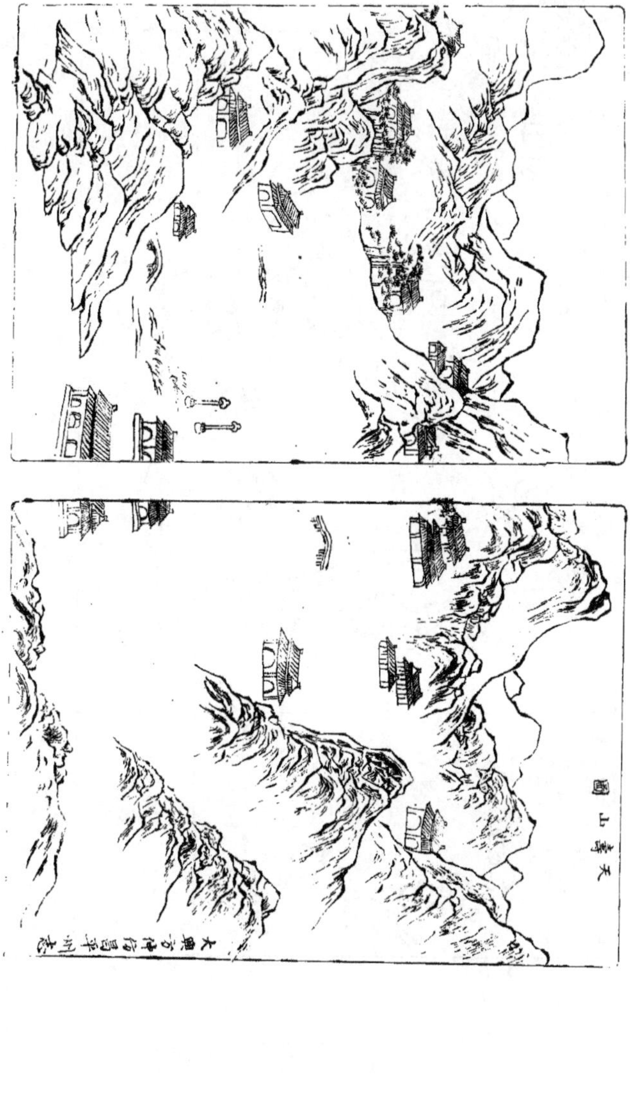

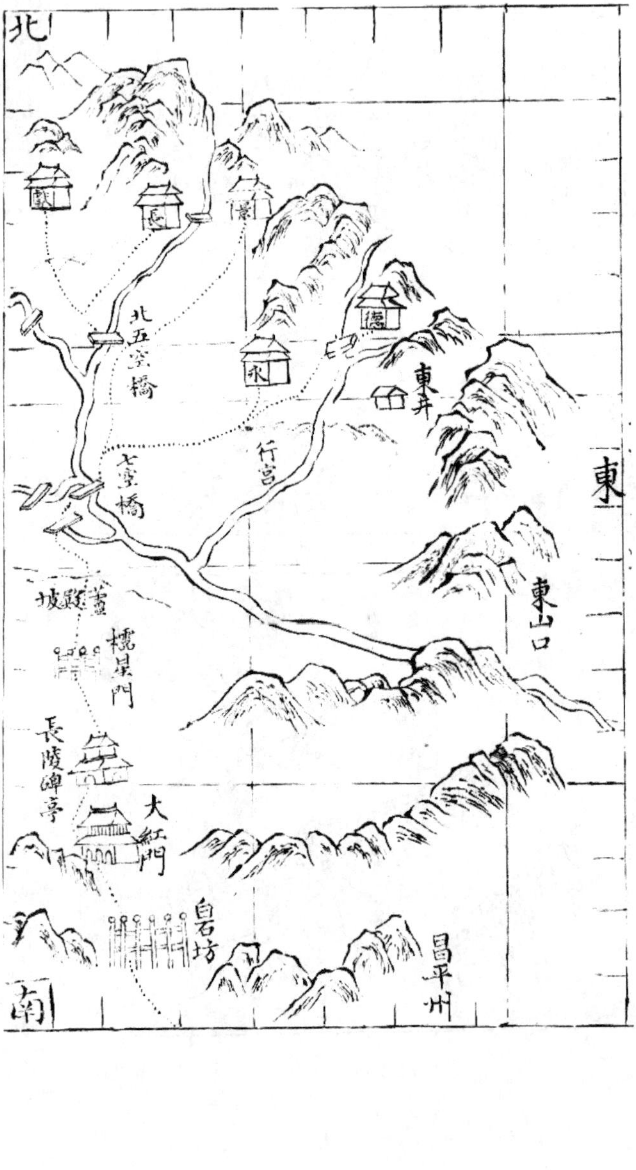
北
東
南
獻
長
景
德
永
北五空橋
七空橋
行宮
東井
東山口
欞星門
長陵碑亭
大紅門
昌平州

全圖二

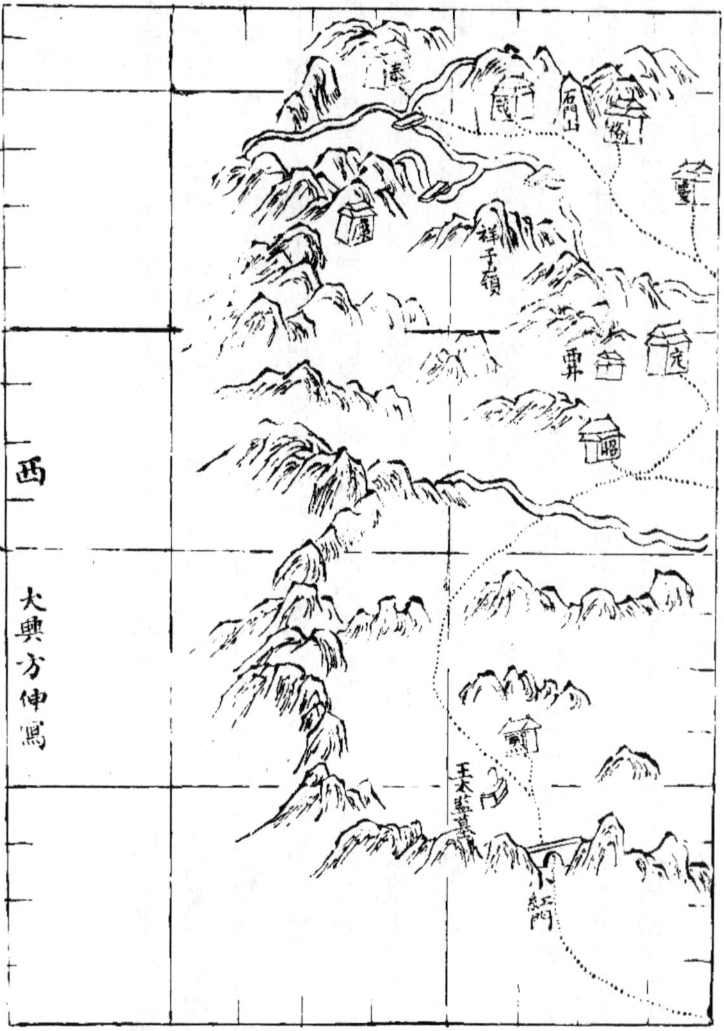

天壽山

天壽山，十二陵一攢宫所在者，西接居庸，北通黄花鎮，南跨昌平州，盖燕京之北屏也。太行山起澤州，蜿蜒綿亘，北走千百里，山脉不斷，至居庸關。居庸萬峰矗立，廻翔盤曲，而東拔地特起，爲天壽山。山崇高正大，雄偉寬弘，主勢强，力量全，風氣聚，水土深厚，六道正，昆崙以來之北幹，王氣所聚矣。内則蟒山盤其左，虎峪踞其右，鳳凰翥其南，黄花城、四海冶擁其後。外則西有西山，東有馬蘭峪，群峰羅列，如几如屏，如拱如抱，如萬騎簇擁，如千官侍從。其東西山口，一水流伏，如帶在腰，近若沙河、白水，遠若衛漳、河江，若大若小，莫不朝宗。水土之襲如此。一祖十二宗，二百四十年一統無外之河山，宜其祥鍾也於是乎在矣。

自古山陵所在，率名天壽。大明熙祖葬基運，仁祖葬英陵，固非人力。太祖高皇帝開創鴻基，於金陵神烈山始營孝陵，而已皆本之。古帝王以及漢唐，父子祖孫園陵不一山之意也。北平初爲行都，擇兆域封天壽，自成祖始。天壽封而《周禮·冢人》「公墓」之意寓焉。成祖可不祔於孝陵，而成祖之後，聖子神孫，必不可不祔於天壽。昭昭穆穆，纍纍相望於一山，而留都可無意矣。

天壽在昌平州北，照壁山之後，東栫子山也。明堂甚大，廣輪二十里許，置守冢可百萬家。蓋東西龍砂重疊環繞，端拱於旁列，而平衍其中，如蓮之瓣之包裹其房也。山列東西北三面，山石斗峭，險不可升。永樂七年營天壽，又因山爲城，周遭繚貞砥，設重險，絡繹不絶者可六七十里。又水口壘水門，山口砌城堞。惟南面山小，地平曠，用是增險益峻狹，塹山鑿石甃城垣，中建大紅門，爲出入路。又設護陵軍，陵各千户所五，把截山口。又壘塞砌斷東北山口可通黄花鎮各路者，其所以禁往來、備非常、衛墳壟、固天壽於苞桑者，計至熟悉也。

韓愈謂「天下之安危在邊」，北都自大寧廢，恃爲北面固者，外内兩邊已耳。天壽其内邊也，恃爲園陵固者，山之天險已耳。群山連綿，勢必起伏而中斷；澗水所流、人跡所經、輪蹄所出入、不能無平夷，是爲山口。天壽環山數十里，山口多以十數。塞之。如不塞，防之如未防者，法制有時踈，而趨利無時息也。天壽之麓皆山口，山口之外皆外邊塞垣，戎馬往往生郊，其震驚於龍蜕之墟，已先及矣。天下吉壤至多，當年不取檀拓，中葉不取馬蘭，顧若百里之魯，區區合諸防者，是遵何説哉？彼廖均卿者，相冢已也，形勝遠謀，誤於其人矣。

居庸關，北平内邊之第一險隘，《淮南子》所謂「天下九塞」之一也。由晉趨燕，路凡有四，易州、紫荆、靈丘三路，車不能方軌，馬不得成列，惟取道居庸最坦，而關則最險。盖太行迤北，連山千里，從麓及巔，壁立陡絶不得上。至居庸爲尤險，《金史》所謂「猶秦之崤函、蜀之劍門也」。其關兩山夾峙，一水旁流，其隘如線，其側如傾，其南北二口，南俯北高，相距四十里，路崎嶇，蹭蹬高下，狹隘峻岭，重岡路轉，陰蔽天日，雖中有古徑四十三，須戍防者四之一，皆可一夫守，號爲天險。誠天險矣！遼之拒金，聚勁兵於崖石下，金之拒元，冶鐵錮重門，布鹿角、蒺藜百許里。防而恃險，險而過防，皆不知所防也。昔人謂居庸之守不在關城而在北口，北口一名八達嶺，嶺北地平衍，宣府、大同在其西，延慶、永寧直其北，古北、喜峰當其東，四通八達，萬騎交馳，山前、山後之路，路莫平於此。元經始而扼塞爲關，設險於不險，而居庸之地利得矣。先是，元取金，札八兒導之，從此而北逕黑樹林，間道暮而入，黎明於南口，若從天降，而居庸失其險，宿兵遮道爲虚設，不攻關而入關也。元守北口慎密於金，而王禪入焉，秃堅帖木兒入焉，孛羅帖木兒又入焉。入關而非攻也，守之非其人矣。成祖在燕藩日，每云居庸隘阨，北平之咽喉也。崇禎十七年，賊李自成從柳溝犯關。柳溝可百人守者，而叛臣唐通、閹竪杜之秩先從逆，而險失，而關入，而陵殿傷，而社稷丘墟矣。居庸、天壽隔於一山，居庸之固固於關，天壽之危危於關，而燕京從之矣。

黄花鎮城在天壽山北五十里，如堂之屏，如屋之垣，以之戍防山外，障蔽幽宫者也。其南老君堂，西則經撞道口通居庸之八達嶺，北接延慶、永寧、四海冶，東連石匣、古北二口，地之重，莫重於鎮矣。將勇而兵精，猶懼其持一目之羅，羅群飛之鳥也。其古北口尤爲不居之地、不教之民出入之交衢，中外兵争不息者，歷世有然矣。永樂八年，塞小關口、大關門，僅使通一騎。嘉靖十六年塞天壽山東北通黄花城路矣。正統十四年十月，也先焚長、獻二陵。嘉靖三十九年，俺答侵天壽，薄京城，萬馬長驅，皆出入古北口，置戍設險安在哉？然猶曰：非以守天壽之兵守天壽也。俺答之内犯也，趙國忠部勒傳陳，以備天壽之東山口、大紅門，俺答始引卻，守之，不可已，事效彰彰矣。賢張口、灰嶺口、錐石口皆天壽西路也。崇禎九年，三口失守，而昌平陷。天壽之山後、山前爲鐵騎金戈之捷徑，守天壽之兵又安在哉？蓋都城戒嚴則兵必分：九門百雉，皇居也，必守；通州，天庾也，必守；天津，漕運也，必守；西山，煤産也，必守；涿州，孔道也，必守；天壽，陵寢也，必守。禁旅勤王，雖畢集，以分而寡，犯順則聚而多，此兵家之大忌者矣，正統以後往往犯之，則都燕之患亦可推矣。

葬者，藏而不欲發也。古今無不亡之國，亦無不掘之墓。蓋興朝之欲摧滅勝國，甚於椎薶之利寶玉也。溫韜盜發唐諸陵，比朝唐莊宗，郭崇韜曰：「此劫賊也，罪不可赦。」若溫韜者，賊之無藉賴者矣。大明太祖求得宋理宗顱骨葬焉，金人陵在大房山者，盜發有禁，樵牧有禁，又設守陵卒，陵二户，又三歲一傳制，遣道士奉香詣陵，令有司時祭。又定制，皇帝即位，遣官以告。凡蹕墓域、守墓禁者，三百年如一日也。房山北爲大房山，山之雲峰寺，金之睿陵、興陵、德陵、恭陵，依然至今存也。嗟乎！開國天子，太祖其萬代之一人也！

人未有不死，國未有不亡，歷代帝王象耕鳥耘地，體魄之所安，思慕之所致也。毁之、發之，何益於己？自傷實多，甚非所以爲後世法已。宋諸陵在錢塘、會稽者，百有一所，妖僧嗣古妙高啟其端，楊璉真珈利寶玉，發諸陵，剪王氣，裒諸帝餘蜕，雜牛馬骨，築浮圖於杭之故宫。妖僧之所爲，元世祖之所使也。世祖之殂，剖楠木窾其中，合而爲棺，以黄金爲箍四，箍之，加髹焉，薶極北之起輦谷，縱群馬踏使平，至草生而後，正使人不得知其處。《孟子》「殺人」一問之至論，世祖信之篤矣。洪武三年，太祖閲《宋史》至藝祖詔脩歷代帝王陵寢，歎曰：「此盛德美事也。」乃遣翰林官四方求之，審視陵廟，禁樵牧，置守冢。凡三十六陵，陵皆致祭矣。嘉靖二十四年，禮臣陳棐言：「歷代帝王自伏羲至宋孝宗三十五陵，所祭實有陵墓，惟元世祖實無陵所。順天府每祭，惟於府西廟址，掃堦藨幄。夫既曰祭陵，而實無陵。臣以爲罷之便。」下群臣博議，可其奏，罷之。嗟乎！天子祭歷代帝王，而元世祖一人獨餒如者，有以也哉。

唐顯慶中脩新禮，去國恤，而天子凶禮無傳，得罪禮教，無如許敬宗矣。古者天子七日而殯，七月而葬，同軌畢至，此禮文之著明者也。自壽陵預作，雖委裘倉卒，而葬期可速。葬則釋服，無衰麻聽政之嫌，而五月居廬之制不復守。此群臣所樂得而請從吉，新君所樂得而率循。夫天子爲天下逮極，孝思不永，積習爲常，何以教天下？自漢文以後，蕩然也。國朝亦因之，則雖國恤具在，將欲考之，何從考之？

《周禮》：「冢人掌公墓之地，辨其兆域而爲之圖。先王之葬居中，以昭穆爲左右。」東晉郭璞《青囊書》：「必無風以散之，有水以界之。」成祖則兼用其説，此墓地所以難於擇也。夫同一墓地，昭穆必序，風水必佳，可子孫百世者，盡海内九州地，不能得也。天壽一撮土，爲昭爲穆之鼎湖無限，一丘一壑之風水懸殊。此中葉所以置《葬書》而惟《周禮》是從矣。夫郭璞書即不用，而周人相陰陽而觀流泉者，未可盡非，且《周禮》何常之有，文昭也，武穆也，不祔於王季、太王之左右也，雖成康不爾也，則何以《周禮》爲也？

古不祭墓，存亡不黷也。古始前王皆墳冢，無所謂陵，自秦始皇墓側爲寢殿，而陵之名始立，故祭墓自始皇始也。蔡邕曰：「見其儀，察其本意，乃知明帝至孝。」上陵禮自漢明帝始也。郡國上計，吏以次前，當神軒告其郡穀價、人民所疾苦，庶先帝魂魄聽之，上計拜陵自漢始也。晉王導每崇進，皆朝陵，百官朝陵自王導始也。朔望諸節，上陵薦衣、奏樂，四季月遣使起居，山陵之有起居自唐始也。二月、八月、生日、忌日，公卿朝諸陵，公卿祭陵自唐始也。莊宗寒食野祭，野祭自後唐始也。興宗之葬聖宗也，以衣、弓矢、鞍勒、圖畫、馬駝、儀衛諸物皆燔之，面火致祭，祭無陵自遼始也。元之殮也，以皮襖、皮帽、靴韈、繫腰、盆盂，殉以金壺，缾箸二，椀碟、匙、盞各一，送極北之地，深薶之，葬祭不使人知自元始也。歷代奉先祭墓，孝儉各殊，煩簡亦異，衷之《禮經》，皆無其文，展孝思於禮制，垂懿範於後王。大明一代典章，仁宗始定，洪熙、宣德間，歲清明、中元、冬至，遣太子、親王行禮，百官陪祭。帝后聖節、忌辰、歲暮、正旦，並遣駙馬詣陵，謂之「四大祭」「三小祭」。天壽距都城遠，每祭雨阻道。嘉靖十五年定爲制，春以清明，秋以霜降，遣官行禮，各陪祭。中元、冬至遣官不陪祭，世宗更張之新典也。

漢唐宮車晏駕，則出宮人無子者，詣陵寢殿，朝夕具盥櫛、治衾枕，事死如生之義。大明太祖而後，不遣宮人，遠出漢唐上矣。而寢殿司香火，供灑掃，則以中璫爲之，而宅之於神宮監内官房。懼其衆而無統也，督之以守備，重之以掌印。虞其資用之不給也，給地爲屯，有果園之利、榛廠之利、晾果廠之利、神馬廠之利、回料廠之利，恩不可謂不博矣。歷年多所，法令寬弛，於是爲城之狐，社之鼠，以守山陵地脉之禁則不足，以爲角翼擇食之虎則有餘。嘉靖十一年田學疏：「臣等三千六百家編視皇陵，供醴漿，直灑掃。宣德中設守陵太監，盗行箕斂，陵户流移。」於是世宗命太監但守陵，勿得干預民事，則當日其所干預可知矣。今清明、霜降二祭，朔望爇香皆守陵内使司之，而供灑掃、司啟閉，則陵卒矣。十二陵内使合三五人，陵守陵凡三户，攢宫四户，司巡邏、樵牧，每軍給地三十五畝。其祭祀屬之禮部，地畝屬之户部，禁約樹株屬之工部，惟定陵則皆無之。

長陵圖

每方一里，每里七百二十跬

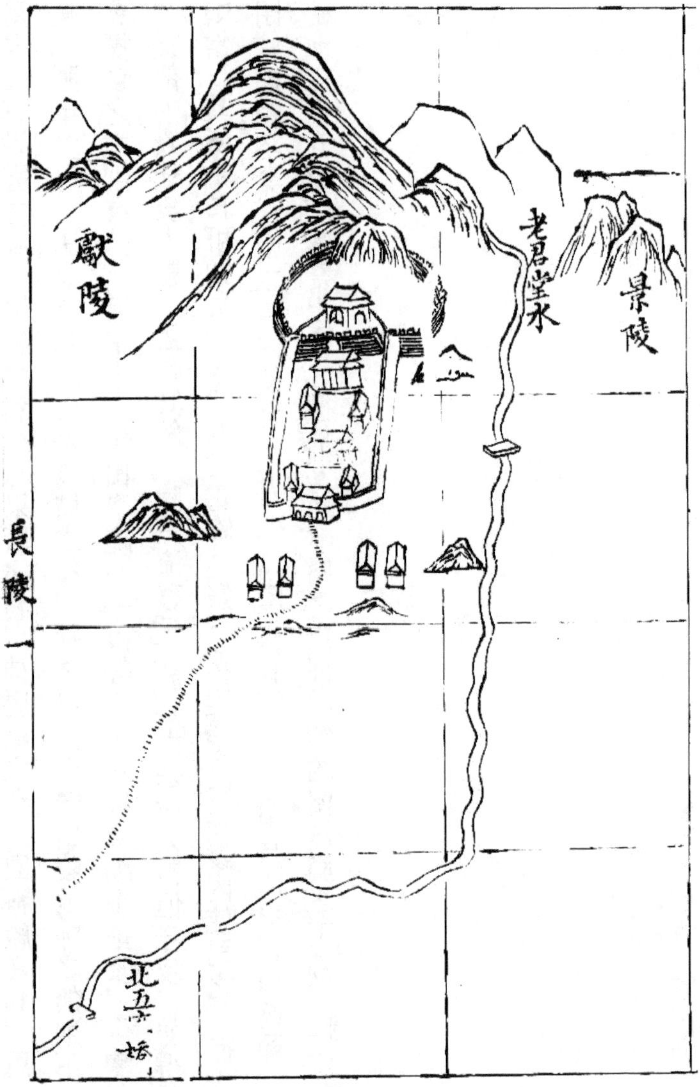

長陵

長陵在黄土山，一名康家莊樓子營，大明成祖文皇帝陵也。地脉接居庸而拔起三峰，中峰正幹，蜿蜒奇秀，而廣厚尊嚴。土山帶石，入脉之勢如駿馬馳阪，如游龍翔空。方東倏西，矯勝中下，而趨入於壽宫。其正大端莊，居然重裳以臨萬國。北之主山，環列爲障，如御屏，如玉扆。左右翼之龍砂重疊，盤繞回抱，内明堂之廣大，案之玉几，水之朝宗，無一非獻靈效順，無一非三百年之發祥流慶也。

永樂二十二年七月十八日，帝崩於榆木川，壽六十有五。十一月庚申，葬長陵，上尊謚曰體天弘道高明廣運聖武神功純仁至孝文皇帝，廟號太宗。至世宗嘉靖十七年，加謚曰啟天弘道高明肇運聖武神功純仁至孝文皇帝，廟號成祖。仁孝徐皇后永樂五年七月先崩於留都，十一年迎葬長陵，追謚曰仁孝慈懿誠明莊獻配天齊聖文皇后。十六妃殉，詳東西二井中。

帝欲卜地北平，以相塋域者廖均卿擇地，得之昌平州北黄土山。帝即日親臨視，遂封山爲天壽。環長塹，凡起冢建寺於中者，悉遷之。七年始營陵，十一年告成。名曰長陵。

宣德間，宣宗謁陵。諭近臣曰：「皇祖常言，古帝王陵寢有崇奢麗及藏寶玉者，皆無遠慮，吾子孫宜戒之，不可蹈也。今所建陵寢，皆皇祖當時規制也。」《禮》曰：「國君即位爲椑，存不忘亡也。」漢文帝始作壽陵，嗣是初即位者多營陵，速者數年，緩則畢世。今長陵規制壯大閎深，堅固完好，無雕鏤侈靡費，盡美盡善，天壽諸陵過不及者多矣。而營搆僅以三載，不損日，不費工，過於神漢也遠矣！成祖之建制，作法於儉，可謂遠覽獨慮，無窮之計矣。

黄土山亦名康家莊，土人康老元時所葬地也。永樂七年，封山發諸墓，以次及康老，帝曰：「安死者，人之同情也，其勿遷。」且歲賜祭於是，春秋祀以少牢。昔樗里子葬渭南章臺東，百年後，漢之長樂、未央夾其墓，而武庫直其前。夫以天子之尊，不遷庶民逼近之冢，於漢有比德矣。不唯不遷，且予之祭，其仁愛及乎冢中之髑髏也。此其爲成祖也。

初，長陵碑，仁宗所建。按謚法題曰「太宗文皇帝」。天下稱太宗者，歷仁、宣、英、憲、孝、武六世百年矣。嘉靖十四年，夏言請定廟額，謂：「皇上復古廟制，太宗功德隆赫，特建百世不遷之廟，宜曰『文祖』。世室在三昭上。」十七年，詔曰：「國家之興始於太祖，而中定艱難則我太宗，宜同稱祖號。」嚴嵩議曰：「古禮，宗無定數，祖非有功德者不得稱。漢稱祖者二：高祖、世祖也。光武再造漢室，故無二祖之嫌。我文皇帝定鼎持危，再造鴻業，功莫大焉，槩以宗稱，於義未盡，尊稱爲祖，聖見允宜。」世宗善之。於是夏言擬「烈祖孝皇帝」以請，竟不從。自定仍舊爲文皇帝，廟號曰「成祖」。天下後世始從而成祖之矣，而長陵碑未改也。是年，世宗朝長陵，閲明樓碑，欲改稱成祖。郭勛請盡礱舊字，更書之。世宗曰：「朕不忍琢傷舊號也。」下群臣議，請遵上諭，不磨舊碑，但鋟木著其上，題曰「成祖文皇帝」，表木而中石也。韋玄成曰：「周之所以七廟者，以后稷始封，文王、武王受命而王，是以三廟不毁，與親廟四而七。非有后稷始封，文、武受命之功者也，皆當親盡而毁。成王成二聖之業，制禮作樂，功德茂盛，廟猶不世，以行爲謚而已。」今成祖儼然世廟矣。嘉靖二十年四月，宗廟災，成祖主毁。萬曆三十二年，雷震長陵碑，木石一無存者。大學士沈一貫疏：「世宗欲改刻成祖陵碑而未遑，今雷神奮威，乃天意示更新之象，欲皇上纘承祖德，乘此更立新碑也。」上可其奏，命重建，乃琢石爲之，即今碑也。

昌平州在京城德勝門北六十二里，景泰元年，所築永安城以駐長、獻、景三衛陵軍者也。三年，徙西八里之昌平縣治於城。正德八年，縣始陞爲州矣。州在天壽山南，自州往天壽，或出東門，經松園入東山口，便道取疾，非正途也。凡有事山陵，繇州西門，西北一十七里一百二十五跬長陵門。

白石坊在昌平州西四里一百八十跬。石白於玉，五架六柱，有額無字，南面向丁，嘉靖十九年所建者。天壽山勢層疊環抱，其第一重東西龍砂欲連未連，建坊其中以聯絡之，從青烏家言，非直壯觀美也。北一十二里六百六十五跬長陵門。

大紅門在昌平州西北六里四百三十跬。黄屋，重簷，朱扉，門三道，東西兩掖門。永樂間，於天壽封山設險，塞出入路，其北、東、西既因山砌城矣，南面地平，乃壘土石爲城，周回環繚，聯屬不絕。建大小紅門以通出入，而大紅門爲朝祭所經繇，若囊之口、腹之喉吭也。門之外，左右泐石各一，爲下馬牌。王侯將相當年至此率徒步入。門以内皆松柏，陰森不見天日，二百餘年所培植者。今入門而諸陵之黄甍彤垣，皆望中矣。門北一十里四百一十五跬長陵門。

長陵碑亭在白石坊北三里三百三十跬，石柱交龍，黄瓦獸吻，重簷四出，門四闢，周欄檻，刻石花卉、禽虫，缺其南，通出入。中樹穹碑一，龍首龜趺，南面向午，大書九字曰「大明長陵神功聖德碑」。碑陰文，仁宗御製者。宣德十年始建立。天壽十二陵，惟長陵碑亭有文字，諸陵則無之。亭外白玉石柱四，雕龍環繞，竿頭石獅，内北向，門外南向，同朝制也。亭北華表二，白石獸二十四：鷹、獅、駝、麟、象、馬各四，翁仲十二，武臣、文臣、勳臣各四，皆夾神道左右分列，相距各六十跬，亦宣德十年所建置也，諸陵則無，蓋統於長陵也。亭北九里三百三十五跬長陵門。

龍鳳門，一名欞星門，在白石坊北五里一百一十跬。門三道，黄緑琉璃甓甃如屏也。形家言天壽山龍砂，此其第三重。爲門於中以絡繹，如門之楗鑰也。東西望之，信然。今圮過半。北七里五百有五十五跬長陵門。

蘆殿坡在白石坊北六里六百八十跬，坡坡而已。昔年有事，園陵以緯葦爲幕幄，謂之曰殿，嗣天子所倚廬也，或群工百執事藉以棲息，事已撤之。自昌平以來，地平如掌，此獨名坡者，從北窪下地而稱也。長陵門南亦有坡，謂之北坡。高與此埒，蓋蘆殿坡南隆北窪，北坡則南窪北隆，中間地勢低至四五仞，南北相距四里四百四十五跬，天壽衆水所匯流而爲川，自西徂東，宜乎南北皆坡，往來升降也。北五里七百五跬長陵門。

七空橋在白石坊北十里六百三十五跬，甃石爲梁，空其中以通水，環砌如洞門，中空凡七，溪獨廣也，諸陵神道於焉分合。嘉靖十九年，神道始砌石如九衢，可八達矣。橋下之水，東北則老君口，西北則賢張、灰嶺、錐石三口，西則德勝口，皆逕於橋。天壽諸山水會爲一川，東流出東山口，經鞏華城，合朝宗河入白水，匯爲潞河，流於直沽，達於海。春夏水洶湧，轉木漂枝，瀰浸闑橋石。北二空圮於萬曆三十五年後六月也。冬非涸也，流伏於沙礫中也。北四里五百一十跬長陵門。

北五空橋在白石坊北十三里四百三十五跬，長陵之神道、老君口水，皆經繇也。河渠狹石，梁孔纔五，北之者，别於七空之南之橋也。橋四望寬見諸陵，較若列眉。東望永陵碑亭在寅二里六百八十跬，永陵在卯；北望長陵門在癸，獻陵在子，景陵在丑，慶陵在壬，裕陵在壬亥間，茂陵在亥，泰陵在乾亥間；西望定陵碑亭在辛一里七百跬，昭陵在酉。惟西北望不見康陵，東北望不見德陵，西南望不見攢宫，則二陵一攢宫深入谷中，礙隔以山也。橋距老君口纔四里，其水紆回流入，當長、景陵峽中路，沿溪畔一徑，介然出口，而北旁通四達，不但黄花鎮城而已。止行者出入，惟昔則然也。橋北二里三十跬長陵門。

長陵門，陵寢之第一門也。黄屋，重簷，朱門，門三道，道四閥閲。左右掖門二，皆閉。享殿四周甃甎石如城，色皆紅。而出入屬於門，南面，向午，門扇加鑰，守視之寺人、陵卒司之。天壽諸陵皆然，惟掖門自長陵外無有也。門之外左有宰牲亭宰一作省，西向，右有具服殿，東向，甍皆黄。又東南神宫監，守陵太監居之。又南祠祭署，太常神樂祭器所藏也，瓦則黑。唯朝房今不知其處。門之内左神廚、右神庫，各五楹，黄瓦，朱欄檻，丹墀廣大如朝宁。御道三，皆平墄。其左畔碑亭一，黄屋重簷，梁柱如檕，三面環欄檻，中樹穹碑，亦龍首龜趺，無字。門北六百六十八跬寶城。

祾恩門，長陵享殿之重門也。門三道，黄屋，重簷，朱扉，如第一門，而不加鍵鑰。嘉靖十七年，世宗朝陵，改享殿曰「祾恩殿」，於是獻、景、裕、茂、泰、康，合七陵，皆榜中門曰「祾恩門」。祭而受福曰祾，易名之義，盖取諸此也。門以内，左右廊廡各十有五楹，丹墀寬廣，左右神帛爐二，街三道，中平外墄，制如朝儀也。門北五百六十跬寶城。

祾恩殿，長陵之享殿。古寢廟之制，藏衣冠几杖，起居薦生，物象生人具也。正南面，方位向午，榜曰「祾恩殿」，嘉靖間世宗所易佳名也，自是寢廟皆因之。殿外丹陛寬廣而崇高，白石欄檻，刻畫雲龍、海馬、花卉。級凡三，定陵效之，永陵二，諸陵一而已矣。殿黄屋重簷，獸吻飛甍，罘罳九楹，高大壯麗。殿中梁柱雕鏤盤交龍，藻井花鬘，地屏黼扆，金碧丹漆之制，一如宸居。殿後爲門三，寶城路自門出入。長、景、永、定四陵外，諸陵不爾也。殿北塞門石，皆白。今存石柱二。又北石供案一，上施供器五，燭臺、瓶各二，爐一，皆石，今損其四。案置露臺中，不屋也。殿北四百二十四跬寶城。

寶城，塋之域，周垣以繚，懸宫當其下也。砌巨石，高三仞許，城周三里，雉堞相聯屬，城闉甕門一南向，深六十有四跬，甕門内北高南下，如升坡。拾級行，路盡分左右折。歷階上，北折則幽宫之上之山，山高饒草木，其不植而生者橡，一名栩，實如栗而小，其房可染皁，亦謂之樸樕。《爾雅》曰：「樸樕，婆娑蓬然之貌。」其樹偃蹇，其葉芃芃。木雖堅，不堪克材。《禮》：「天子墳高三仞，樹以松。」橡非所樹也。南折登城，上城臺，則明樓。

明樓踞寶城城闉上，如迎敵麗譙之樓也。城臺寬，周四面繚石爲女牆，爲雉堞。地砌石平於砥，左右分路行城上，臺中爲明樓，樓高起數仞，棟梁楠梗。滲金頂，琉璃黄瓴瓦，獸吻飛甍，雕題彩椽，罘罳藻井，重樓四出，周回簌文石。甕門四闢，正南面，方位向午，額曰「長陵」。中樹穹碑，螭首方座，大書曰「大明成祖文皇帝之陵」，蓋萬曆三十二年重立者。碑寬四尺五寸，厚二尺五寸。諸陵碑平博遠不及也。陵寢之制，寶城最高，明樓當城臺上，又高，遠望無不見。然遮以山，不見也。樓南望長陵，神功聖德碑亭在未；東望景陵在卯；永陵在巳；西望獻陵在辛，定陵在庚。老君水口在祾恩殿外東坡下，其他無睹也。

東井、西井當天壽山正東、正西之地，永樂間所置，取金井之義。下空穿壙不以隧，爲成祖十六妃殉葬之所，以次而祔也。有殿有垣，丹壁，朱扉，緑瓴瓦，周垣繚甎石重門。殿三楹，廊、廡各三間。東井在永陵東南二里，德陵南一里。門、廡、殿皆存。西井在昭陵東北一里，定陵寶城之西，今周垣猶在，門、廡、殿皆毀。切近定陵，因而及之，東井幸，西井不幸也。英宗天順末，手詔止以人殉葬。於是後世之妃嬪得終其天年，各有其墳塋，不必於同井，而宮壼肅然。一代家法，爲邃古以來所僅有矣。嘉靖十五年，禮臣上言：「帝后合葬，諸妃陪葬，古今經常之制也。竊以諸妃陪葬，義不當繇隧道，但於外垣之内，寶城之前，明樓之下，左右相向，以次而祔，庶合禮制。」從其言，著爲定制。然永、昭、定三陵不聞妃祔，而金山、西山，馬鬣相望，聽其分葬，而天壽之祔焉者且寡矣。

永陵圖

每方一里，每里七百二十跬

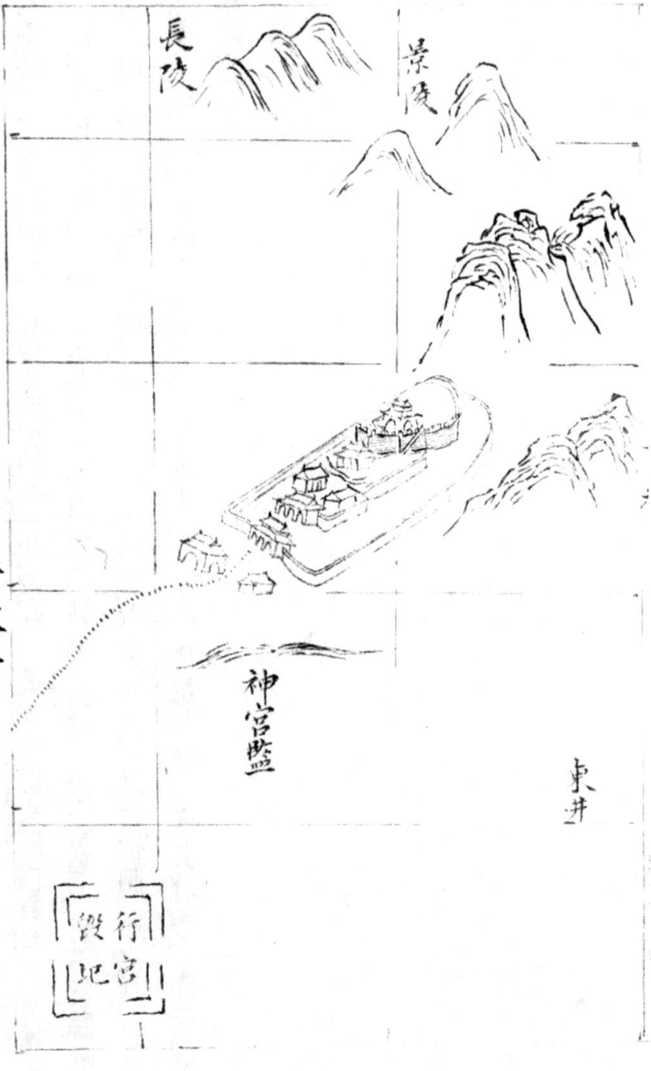

永陵

永陵在陽翠嶺，大明世宗肅皇帝陵也。山與黑山皆分幹於居庸，一幹分支，相爲起伏，而聳拔三峰，自爲主山，脉絡分明，氣勢雄大者也。天壽一山，長、獻、景三陵外，莫與之京，然地脉之幹支，方位之偏正，砂水明堂之向背，結穴之真僞有間也，夫人而知之也。天壽蕞爾之山，而猶有佳城若陽翠嶺者，非地靈之效順，世宗之睿鑒，何從而得之？

嘉靖四十五年十一月十四日，帝崩，壽六十。隆慶元年正月葬永陵。上尊謚曰欽天履道英毅聖神宣文廣武洪仁大孝肅皇帝，廟號世宗。元配孝潔陳皇后，嘉靖十三年七月崩，初以廢葬襖兒峪，及皇太子嗣位，禮官以非元配不得祔食，始於襖兒峪遷而合葬永陵。追謚曰孝潔恭懿慈睿安莊順天翊聖肅皇后。又繼立孝烈方皇后，嘉靖二十六年十一月宫中變，薨。是時，帝幸康妃曹氏宫，寢酣，寧嬪王氏及宫婢楊金英謀爲大逆，縊帝垂絶，后奔救，始蘇。乃收王氏等寸磔，并殺曹妃。后之崩也，帝以有定變護衛功，先葬於永陵，追謚曰孝烈端順敏惠恭誠祇天衛聖肅皇后。並蒙帝謚，一代中惟孝潔、孝烈二后有然也。又孝恪杜皇后，皇太子之生母也。嘉靖三十三年薨，葬金山。及皇太孫嗣位，萬曆四十二年六月十五日始於金山遷祔永陵，追謚曰孝恪淵純慈懿恭順贊天開聖皇后。於是嫡后、繼后、生母三后同祔，始於茂陵，再見於永陵也。

帝，憲宗之孫，孝宗之姪，武宗之弟也。考興獻王，國於安陸。及武宗無嗣，兄終弟及，倫序當立，迎帝立焉。

嘉靖十四年，章聖太后崩，帝詣山陵大峪山，躬親相地。

嘉靖十五年四月，帝謁天壽七陵，告以預營壽宮。初，陽翠嶺名十八道嶺，帝擇營壽陵，更名陽翠嶺。

帝諭工部曰：「朕法祖宗故事，預作幽宮，茲擇地於長陵左。」諭夏言曰：「預作山陵，量仿長陵之規，且加抑殺，紙衣瓦棺，朕恒念之。」勅張孚敬曰：「朕四月飭新七陵，自作幽宮長陵左。」

嘉靖十六年清明，帝奉皇太后上陵。

永陵既成，壯麗已極，爲七陵所未有。帝登陽翠嶺，顧工部曰：「朕陵如是止乎？」部臣倉皇，對曰：「外尚有周垣未作。」於是周遭甃砌垣石，堅厚壯大，完固雖孝陵所未嘗有。其後定陵效之。

御史何維禎言：「山陵之役，今費且數百萬。」嘉靖十九年，建翬華城，從嚴嵩之請也。

漢法，天子即位一年而爲陵，天下貢賦三分之，以一供宗廟，一供賓客，一供山陵。漢武歷年長久，比葬，陵中至不能容物。世宗承天序，入纘大統，動稱法古，欲立明堂，建辟雍，制禮作樂，至於窀穸，自矢紙衣瓦棺，是以漢武爲戒矣。而園陵之費至數百萬，而工未罷，何與紙衣瓦棺之言相徑庭也！太子繼體也，尊上廟號，奈何系之以「世」，同乎漢宣之立而尊孝武爲世宗也，何哉？

孝思不志，則專精於廟享而已。元會儀上食奏樂，郡國奏計，言民疾苦，是反易以體魄爲有知，虚廟祀而不重，胡安國爲上陵者惜也。漢唐上陵，諸儒已議，其後而夏言詩「百年不睹朝陵禮，父老欲呼識漢儀」，是以世宗之上陵爲禮，其與漢唐宋諸儒所言，不已大相舛馳乎？且天壽臨邊，六飛所幸則防衛必嚴，賚予必厚，積習相沿，遂爲故典。比及萬曆間，司農仰屋，患苦費多。則上陵之數數也，勞民傷財，豈徒漢唐失禮之本意而已乎？

永陵碑亭在長陵門東南二里五百四十跬，制皆如泰陵。碑西南向，無文字，亦如泰陵，而追究琢刻鏤之工爲諸陵最。亭左有省牲亭，又左有祠祭署，皆西北向。南二里有神宮監。亭東北一百三十四跬永陵門。

永陵門，陵寢之第一門也，黃瓦，重簷，朱門，門三道，道四閾閲。紅牆周繚屬於門，門西南面，向坤。門扇加鍵，司啟閉，制皆如長陵。而第一周牆環繞於外者，其規制之壯大、甃石之縝密精工，長陵規畫之心思不及也。袁宏道所謂「花版石爲墉，精麗之極」是矣。門以內，左神廚，右神庫，各五椽。門北二里五百六十跬景陵，東北二里一百三十跬德陵，東北三百四十五跬祾恩殿。

永陵重門，陵寢之第二門也。黃瓦，朱扉，重簷，門三道，如第一門之制。門左右有掖門，則第一門所無也。陵寢門有重門，孝、長所未有，諸陵無問已。階三道，中道中平外城。門東北四百七十有七跬寶城。

祾恩門，永陵之享殿第三門也，黃瓦，朱扉，重簷，向西南。門三道，中榜曰「祾恩門」。祾恩者，世宗所自命也。左右周紅牆屬之門，此永陵之重垣也。其磬之重厚、磨礪之端方，皆諸陵所無者。門以內左右廊廡各九椽。丹墀中，左右神帛爐各二，爐今圮。階三道，左右刻雲，中道龍鳳，光耀日星。石欄檻螭頭、花卉、禽、魚，刻鏤工巧備至。級凡二，自長陵、定陵外諸陵一而已。耳門東北一百六十五跬寶城。

祾恩殿黃屋，重簷，朱扉，西南面，向坤，額曰「祾恩殿」，七楹。殿中棟梁、柱礎、藻井，地屏，丹漆金碧，雕鏤一如長陵。殿内爲門二，以達於寶城。殿北石塞門，又北石供案，上置石供器，制皆如諸陵，而石皆文石，諸陵不及也。供案北左右有重牆，有掖門。左右門外折而西南，皆複道，列長街、永巷，深宫之制，天壽諸陵皆無也。殿東北一百六十一跬寶城。

寶城砌巨石，繚周垣，高三仞許，列雉堞，周三里許，如長陵。城無甕門，使人不知中羨門所在。城前左右各建玉石門，門内歷階三折，拾級上明樓，諸陵制未有同焉者也。冢上多橡子樹，多桑，多杏，城外多栝子松。歲四月，杏、桃始花，昌平士庶攜酒榼遊觀，雜坐喧譁，是則銅駝荆棘之後也已。

明樓踞寶城上，城臺環短垣，繚石爲之，地平如砥，石皆文石，捫之滑潤如脂，其堅可以鑪鐵。中爲明樓，高聳出雲際，滲金頂、黄琉璃瓴瓦，獸吻飛甍，重樓四出，甕門四闢，制如長陵。而甕門鋪地，皆鑿文石於順義之桃山、懷柔之石塘，雖長陵未有也。西南，方位向坤，額曰「永陵」，中樹穹碑，龍首方趺，趺五級，刻畫工巧，大書曰「大明世宗肅皇帝之陵」。樓中北望長陵在亥，景陵在子，東望德陵在寅，南望神宫監在丙，東南望東井在巽，其他無睹也。

昭陵圖

每方一里，每里七百二十跬

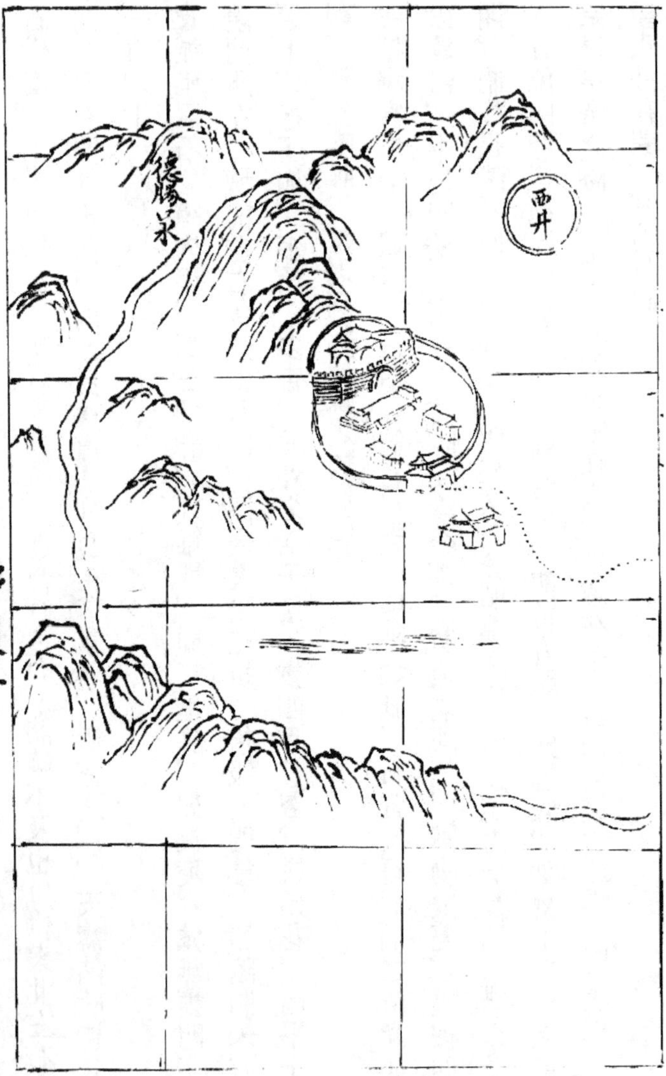

昭陵一

昭陵

昭陵在大峪山，大明穆宗莊皇帝陵也。山自居庸萬山中分支，東走爲天壽白虎山之一，地脉有無，不待登陟而知矣。初世宗遥見草木鬱茂，以大峪爲吉壤，欲遷顯陵於斯，已而曰：「大峪，地勢空淒。」斯言也，不惟當軸處中如嚴嵩者聞之，群臣在下風者皆聞之矣。又德勝口水環繞於西南，夫穴非其穴，砂水則散亂奔流。於焉藏玉蜕，而群工曾無一述世宗之天語，忍置遺弓於空淒之地，是視大行之玉體爲甚輕，而己之筆舌爲甚重，漠然無関其心者，可勝道哉?《周禮》：「天子葬於北方。」北首天壽，自康陵西首，而昭陵又西首也，何哉?

隆慶六年五月二十六日，帝崩，壽三十有六。九月十九日，葬昭陵。上尊謚曰：契天隆道淵懿寛仁顯文光武純德弘孝莊皇帝，廟號穆宗。元配孝懿李皇后，於嘉靖三十七年先崩，葬金山，時帝猶在裕王邸，及登極後，始遷祔昭陵，追謚曰孝懿貞惠順哲恭仁儷天襄聖莊皇后。又繼立陳皇后，萬曆二十四年七月崩，合葬昭陵，謚曰孝安貞懿恭純温惠佐天弘聖莊皇后。又選侍李氏，神宗生母也。萬曆四十二年二月薨，祔葬昭陵，加謚曰孝定貞純欽仁端肅弼天祚聖皇后。按孝定皇后極賢而嚴明，弼成嗣皇帝，爰立皇太孫，皆孝定之力也。

隆慶元年八月，帝將詣山陵，大學士徐階云：「累朝之典，春秋之祀，遣官而已。天壽山北即黄花鎮，與□一牆之限而已。頃有邊報，言東□且犯喜峰口，西□且犯古北口，萬一奄至，不知皇上何以捍禦？臣實爲聖躬計，不敢奉詔。」帝悟乃止。

隆慶二年春二月，帝親詣天壽山祭掃。

古人事死之禮，先廟後墳，重魂輕魄也。唐紹所謂「送形而往，山陵爲幽静之宫；迎精而返，宗廟爲薦享之室」是也。上陵之役，雖遣官祭告，古人猶謂爲非禮，而況千乘萬騎之行幸乎？昔世宗駐沙河，嚴嵩曰：「此車駕謁陵之路，居庸、白羊近在西北，邊防尤切，宜脩復行宫，築城環之，設官戍守。」繇是觀之，不已勞費滋多乎？況常從之具，武衛之官不備不出，期門、羽林賞賜不貲，柰何以上陵之禮而紓其遊豫之懷，而僕僕於天壽乎？

周道登疏：「昭陵舊制，祾恩殿正當龍砂之上，形家謂不可損傷，今殿基平坦，則鳩工之始，龍砂固已損傷矣。堪輿所忌，聽而不從矣。」

昭陵碑亭在定陵碑亭西南一里四百七十跬，制皆如永陵碑。東南向，無文字，亦如永陵，而精工不如也。亭左有宰牲亭，又左有祠祭署，原北三百六十跬有神宫監。亭西北一百有八跬祾恩門。

祾恩門，昭陵之陵寢門也，黄瓦，朱扉，重簷，向東南，門三道，中榜曰「祾恩門」，周紅牆屬之，門加鑰，司啟閉，制皆如永陵。雖無重垣之固，而花版石之精麗，則與永陵無殊。門之外，松柏成行列，門以内，左神廚、右神庫各五椽。丹墀中，左右神帛爐二，今半圮。門西北二百三十八跬寶城。

祾恩殿舊制皆如諸陵云。歲乙亥，不戒於火，焚毁無存。存，瓦礫耳。當赤眉之寇、滄海之塵，而殿焕然，棟宇巍然，何剩水殘山，四方無虞，而祝融不仁，而丘墟之，不使一椽片瓦遺於更代？天之於穆宗也，謂之何哉！殿基正東南向巽，殿後西北爲門三道，又西北石坊，坊西北石供案，上置石供器，供器今毁壞過半。殿西北一百五十有三跬寶城。

寶城砌石繚周垣，列雉堞，制如諸陵也。城周垣二里，甃門一，東南向，深五十跬，左右上明樓。

明樓踞寶城上，延燒盡矣。祾恩殿不戒於火，而樓已先災，灰燼瓦礫中，甃門四闢猶存也。東南面，方位向巽，殘碑屹立，大書曰「大明穆宗莊皇帝之陵」，火焚石剥落，字漫滅。樓中東望永陵在甲，東北望定陵在寅，西井在艮，其他無睹也。

定陵圖

每方一里，每里七百二十跬

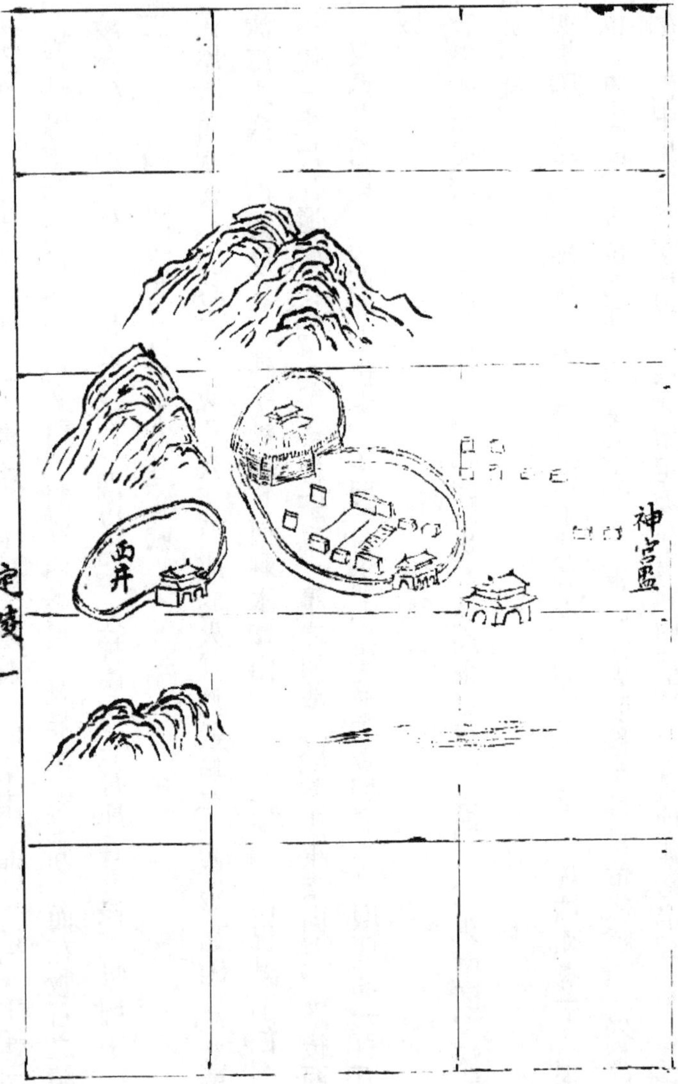

定陵一

定陵

定陵在小峪山，大明神宗顯皇帝陵也。大峪山在天壽西偏，廣輪數里，群峰砂腳入峪中，山其必之。小者，神廟注意，營陵於焉。諱「小」，乃統大、小峪通稱爲「大」矣。脉亦自居庸分支，東走爲天壽虎砂之一，皆負祥子嶺。梁子奇所謂「勢斜而立」者。西南不一里則昭陵在焉，雖各爲一支，而氣脉、砂水，視昭陵無以異也。壽宫之建也，惜哉邪臣主其事，庸相贊其成，雖有抗言力諍，議論之盈庭，而一人偏聽之過、遂非之心，欲以挽回，而卒莫可挽回。則當日之國政類如斯者，夫豈少哉？

萬曆四十八年七月二十一日帝崩，壽五十有七。泰昌元年十月初三日葬定陵，上尊謚曰範天合道哲肅敦簡光文章武安仁止孝顯皇帝，廟號神宗。孝端王皇后無出，失寵，萬曆四十一年崩，先葬定陵，追謚曰孝端貞恪莊惠仁明媲天毓聖顯皇后。又貴妃王氏，故宫人也，實生太子，抑於鄭貴妃，無寵者三十年。疾革，太子請於帝，往省視，方欲有言，而鄭貴妃私人立於側，不得言，乃薨。四十六年，葬天壽。及太子襲尊號，始遷祔定陵，加謚曰孝靖温懿敬讓貞慈參天胤聖王皇后。

萬曆八年三月十二日，帝奉兩宫太后謁長陵、永陵、昭陵，且擇地。按帝嫡母陳氏，尊爲仁聖皇太后，生母李氏，尊爲慈聖皇太后，徽號並上，稱曰兩宫。兩宫輦所至，帝跪迎頓首，扶掖下輦，極其誠敬，有明一代家法如此。

萬曆十年八月，帝謁山陵。

萬曆十一年閏二月十二日，帝詣天壽山墓祭，兼擇壽宫，遂欲登長、永、昭三陵主山絶頂，大學士張四維力諫而止。

帝九月初六日謁長、永、昭三陵，詣形龍山、大峪山相擇。時小峪冒名大峪，凡稱大峪，皆小峪也。既定壽宫於大峪山，以卜吉加恩張四維、申時行等，加銜蔭子。先是，正月命預建山陵，欽天監張邦垣等擇地繪圖以進，禮部尚書徐學謨盛稱形龍、大峪、石門溝。大學士申時行贊譽形龍、大峪爲天造地設。

萬曆十二年，上謁山陵，通政梁子奇言：「大峪必不可葬，葬則國家有禍，群臣得罪。」徐學謨附耳云：「是何過於慮耶？禍咎即至，誰猶視息人間耶？朝廷家事，有長陵一吉壤足矣。他則何不可葬耶？」嗟乎，斯言也，不謂出於臣子之口也！三百年間，臣子心事不至此者，豈其少耶？國家之事可知已，豈獨山陵已耶！

帝九月十三日奉兩宫太后及中宫詣天壽山秋祭，十月，預建壽宫於大峪山。以定國公徐文璧、大學士申時行知建造；尚書張學顔、楊兆總督工程；侍郎何起鳴、王友賢、陰武卿提督催趲專管；尚書陳經邦總定規制；太監張宏、劉清、張清總督提督管理。

萬曆十三年八月，太僕寺少卿李植、光禄寺少卿江東之、尚寶寺少卿羊可立疏稱大峪山非吉壤，且指斥申時行黨徐學謨罪。帝曰：「閣臣職在佐理，豈責以堪輿技耶？大峪佳美毓秀，出朕親定。」

帝後九月六日閱壽宫，九卿尚書楊巍、畢鏘、沈理、舒化、楊兆，侍郎石星、辛應乾，僉都御史趙焕，大理寺少卿王用汲，太常寺卿何源，給事中王三餘，御史周希旦等請勿改卜，從之。

太僕寺少卿李植疏：「懸宫後鑿石横闊數十丈，如屏風。其下即石地，今欲用之，則寶座安砌石上。」

御史柯挺疏：「大峪之山，萬馬奔騰，四勢完美，殆天秘真龍以待陛下。」帝曰：「在廷諸臣爲壽宫事争言風水。夫在德不在地，昔秦皇營驪山，何嘗不求選風水？未幾見發，選求何益？我天壽山，聖子神孫，千秋萬歲，皆當歸葬此山，安得許多吉壤？朕志定矣。」

天啓元年閏月，始填完隧道。其寶頂規制經神廟親定，今丈尺培築仍照永陵。崇禎初，定陵懸宫圮，按驗簿問當日經理諸臣罪。

宋遺方庭實朝謁西京陵寢，見永昌而下皆遇侵犯。金主吴乞買詔：有盗發遼諸陵者死。夫宋、遼皆其敵國，顧厚於遼而薄於宋者，何哉？怒莫甚於戰争未定之時，而情每平於思念舊德之日。宋不幸而遼幸也，定陵之毁，不可不謂之非不幸也。

定陵碑亭在七空橋西一里七百跬，長陵門西南三里三百四十跬，昭陵碑亭東北一里二百七十二跬，制皆如昭陵。而梁椽之堅固，砌石之重厚，天壽諸陵不及也。崇禎甲申，國步既蹙，寢廟震驚，乞師破賊，賊已破，而七大恨之故，先雪怨於神廟矣。亭之木瓦，於是毁之且盡，惟琢石柱礎如初也。夫而後知當日非竭内府之金錢，窮工匠之巧力，安能使宗社丘墟，而兹亭之石不圮乎，毁之有不能毁者乎？瓦礫柱石中，穹碑猶存也，碑東向無文字，亦如昭陵。亭東三百跬神宫監故址，三百餘椽，斷瓦殘垣，歷歷可見。監西北二百跬，則宰牲亭、祠祭署，基石柱礎無可别，兎葵燕麥中，得碎黄黑瓦，而知若爲亭、若爲監署而已耳。碑亭西北一百跬定陵門。

定陵門，陵寢之第一門也。黄瓦，重簷，朱扉，門三道，道四閾閬，紅牆周繚屬於門，東面向辰，制皆如昭陵也。今門不加鑰，無司啟閉，芻者出入焉，牧者出入焉，天壽十一陵未有者，而定陵有之，崇禎甲申至今爲然也。門以内，光明爽塏，鋪地牆基，其石皆文石，滑渾如新，微塵不能染。左右長垣，琢爲山水、花卉、龍鳳、麒麟、海馬、龜蛇之屬，莫不宛然逼肖，巧真奪天工也。覆牆皆黄雕瓦，刻甎爲斗拱，簷牙瓏瓏，嵌空光瑩如玉石。甲申之變，寸寸毁之，而不能盡毁也。左右有廊廡各五間，俱毁，階三道依然存也。門西北四百七十跬寶城。

定陵重門，陵寢之第二門也。黄瓦，朱扉，重簷，門三道，如第一門之制，左右有掖門，則第一門所無。其制與永陵無異，諸陵未有也。門以内階陛，甃地石亦如第一門。牆垣、簷瓦，甲申之毁亦如第一門矣。門西北二百六十七跬寶城。

祾恩門，定陵享殿之第三門也。披灌莽，撥瓦塊，今猶見故迹焉。東南面，向辰辛，門基三道。旁二掖門，門以外階三道，中平外堿，中爲御道，欄一級，篆刻雲龍，皆文石。榛藂茀草間，猶光焰照人也。門以内，左右廊廡各九間，今俱毁。門西北二百六十五跬寶城。

祾恩殿，殿今亡矣。瓦礫中尋舊基，凡七楹，東南面，向辰辛，寬廣爲天壽諸陵最。殿外平臺，文石陛級凡三，永陵猶少其一也。殿内置後門，門左右塞門琉璃屏篆龍鳳，金碧丹堊，隱然生動，陶冶之工，一至是也。殿後兩旁有掖門，陛級一，並殿前級石皆文石，刻鏤花卉、禽魚、人物，盡態極妍，永陵雖精工，未能至此極也。殿後西北有石坊，今存二柱。坊左右有掖門，有曲巷，左右折，一如深宫制，皆取法永陵。坊北有石供案，上置石供器。殿西北一百六十一跬寶城。

寶城砌巨石，繚周垣，高三仞許，列雉堞。周三里，如昭陵，城無甕門，使人不能知埏道。城前分左右階兩折，拾級上明樓，冢上童然。

明樓踞寶城上，城臺環短垣，繚石爲之，地平於砥，牆鋪、地石皆文石，其鮮艷如芙蓉，如桃花片，其合際若天衣無縫，若片石生成，其滑澤若塗脂，履之若蹈堅冰，縮武，緊鞵靸，懼踣跌。其城暨牆石皆竅其中，貫錢緪，千百夫不能動摇，雖永陵計不及此也。中爲明樓，高聳，滲金團頂，琉璃黄瓻瓦，獸吻飛甍，金碧采絢，照耀日月。重樓四出，洞門四闢，砌地皆文石，制如永陵。而柱頭斗拱、桶椽榱題皆琢堅石，着色爲之，人疑爲版木，而實無寸木片版，永陵計不及此也。東南面，方位向辰辛，額曰「定陵」。中樹穹碑，龍首龜趺，刻鏤文細於毛髮，淺深中程度，碑大書曰「大明神宗顯皇帝之陵」。崇禎甲申會際時艱，毁之不能毁也，焚之不能焚也，河山雖改，寢廟雖摧，而四十八年太平極盛，撫馭萬方，其巋然猶存於宇内，惟此樓、此城。歷陽九陰六而不壞者，未必不非當日締造之工，歲月之久，而財用之多也。而崇禎初年，歷年未久，丘壠且崩，則又何也？豈至尊龍蜕之所，亦行其欺蔽，金玉於外而敗絮乎中也？況乎保泰於苞桑，當日固何如也，而又何有於山陵也？樓東望長陵在甲，獻陵在寅，景陵在卯，永陵、德陵在乙，西望寶城下西井在酉，其他無睹也。

七大恨原文

我祖父未嘗損明邊一草寸土，明無端害我祖父，恨一。明雖啟釁，我尚欲修好，立碑勒誓，無越疆圉，明復渝言越界，逞兵助葉赫，恨二。明人越踰疆場攘奪，我遵誓行誅，明負盟責我擅殺，拘我使臣，脅取十人，殺之境上，恨三。明助葉赫，俾我已聘之女改適蒙古，恨四。柴河、三岔、撫安三路，我世守也，明遣兵追逐，不令耕穫，恨五。偏聽葉赫，貽書於我，詬詈凌侮，恨六。天建大國之君，爲天下共主，豈獨主余一人？天既授我哈達矣，明又挾我復之，天譴葉赫眷我矣，明又抗天意，倒置是非，恨七。

慶陵圖

每方一里，每里七百二十跬

慶陵

慶陵在黃山寺二嶺，大明光宗貞皇帝陵也。地脉自黃土山中峰分幹，而右歷第一嶺，起伏而入於穴者也。群山北枕，環列爲障，如黼座，如玉屏，猶夫獻陵也，龍砂重疊，山水環抱，猶夫獻陵也。然地勢益偏而右，既非正結，氣脉不周正貫通，宜乎遜於獻陵，同而異也。天壽砂腳延長，橫亘於前，享殿、寶城離而爲二，内明堂之隘，左青龍之偪，則與獻陵異而同矣。徐學謨稱之曰善，可與第一嶺埒，信然也。則代宗當年所卜非無見也。

泰昌元年九月初一日，帝崩。在位一月，壽三十有九。天啟元年九月初一日，葬慶陵。上尊謚曰崇天契道英睿恭純憲文景武淵仁懿孝貞皇帝，廟號光宗。元妃郭氏，萬曆四十一年十一月先崩，合葬慶陵。追謚曰孝元昭懿哲惠莊仁合天弼聖貞皇后。又孝和王皇后，熹宗生母也。萬曆三十三年十一月十四日薨，祔葬慶陵，追謚曰孝和恭憲溫穆徽慈諧天鞠聖皇后。又孝純劉皇后，威宗生母也，初與王皇后以選淑媛入侍，進御宮中，皆稱選侍，並蚤薨，並葬金山。及熹宗踐位，始遷王太后祔葬，追上尊謚矣。威宗之繼統也，亦遷劉太后祔慶陵，加謚曰孝純恭懿淑穆莊靜毗天毓聖皇后有云孝純淵靜慈順恭肅毗天鍾聖皇后。三后同穴，循茂陵、永陵之祔舊章也。

帝以萬曆四十八年朔日踐位，詔以明年辛酉爲泰昌元年矣。及在位三旬日，倉卒賓天，遂立前星，是爲熹宗。以踰年當正嗣子踐祚改元之位，則泰昌不得改元於明年，而又不忍帝無年號，集羣臣議，以庚申八月朔日以前仍稱萬曆四十八年，八月朔日以後改爲泰昌元年，從之。《公羊傳》曰：「三年不二君。」緣臣民之心不可曠年無君，緣孝子之心則三年不忍當也。則當日議之者謂之何也？

初，代宗監國，卜葬兆於黃山二嶺，穿鑿既久，及英宗復辟，葬代宗於金山之麓，於是二嶺之陵工廢，基阯堙，人謂之景泰窪。及帝委裘，未建塋域，有言景泰窪最吉，爲百靈訶護者。天啟元年閏月十七日，遣禮、工二部尚書同御史傅宗龍審視，禮部奏陵穴石底。已而大學士韓爌奏原虛處獲有吉土，於是三月繕陵，八月工竣，九月朔日下窆。

天啟初，大學士劉一燝覆視慶陵，言新陵營造規制取法昭陵，今相度形勢，似宜參酌獻陵。蓋以龍砂蜒蜿，環抱在前，形家以爲至尊至貴之砂，不可剥削尺寸，獻陵亦以龍砂前遶，乃建享殿、祾恩門於龍砂之前，正與此合。

天啟元年三月二十五日，開穴。輔臣韓爌覆視，言：「因視星巒、形勢、穴情，仍在原處開穴取土，五色光潤，乃真氣融結。」於是定穴置標，而後即安也。

大學士韓爌請於寶城後因山增築，庶稱盡美。

慶陵碑亭，在獻陵享殿後五百七十五跬，裕陵東南一里，制皆如昭陵。碑正南面向，無文字，亦如昭陵。亭南石橋，橋南有祠祭署、省牲亭，東向，左右多松柏，又南一里神宫監，亭北一百八跬祾恩門。

祾恩門，慶陵第一垣之門，以衛享殿者也。黄瓦，朱扉，重簷。向南門三道，中榜曰「祾恩門」，周紅牆屬之，門加鑰司啟閉，制皆如獻陵。門以内，左神廚、右神庫，各五椽，丹墀中神帛爐左右各一。甬道中柏木成列。門北七十六跬祾恩殿。

祾恩殿黄屋，朱扉，重簷，南面向丁，額曰「祾恩殿」，殿五楹，煖閣三間，中黼座，制皆如獻陵。殿内有門，今塞。殿後亦長陵砂腳，延長而横亘，獻陵其一重，此則第二重也。龍砂屬長陵，不敢損傷，故享殿别爲一周垣，與寶城不相連屬，其規制皆效法獻陵也。

慶陵門，第二垣之門，以衛寶城、明樓者也。南向，門三道，左右牆皆丹堊，周繚屬寶城，黄瓦、重簷、朱門，鍵門扇、典守、司啟閉，如第一垣矣。門之外一百七十跬有石梁，梁南北多松柏，門之内有石坊，又北石供案上置石供器，前後松柏羅列，森然如裕陵矣。供案北有坡，皆石砌。坡上爲露臺，臺不高，其平如砥，諸陵烏有也。門北四十九跬寶城。

寶城砌石爲城，高三仞許，周垣列雉堞，制如獻陵，周二里。城根甃石寬五尺許，亦諸陵所鳥有也。甕門一。南向深五十三跬，冢高，左右上明樓。

明樓踞寶城上，四周環女牆，樓高聳，黄頂，琉璃甋瓦，獸吻飛甍，重樓四出，制如獻陵。樓南面方位向丁，額曰「慶陵」。中樹穹碑，龍首龜趺，大書曰「大明光宗貞皇帝之陵」。樓東南望長陵在巽，獻陵在辰，西望定陵在申，其他無睹也。

德陵圖

每方一里，每里七百五十跬

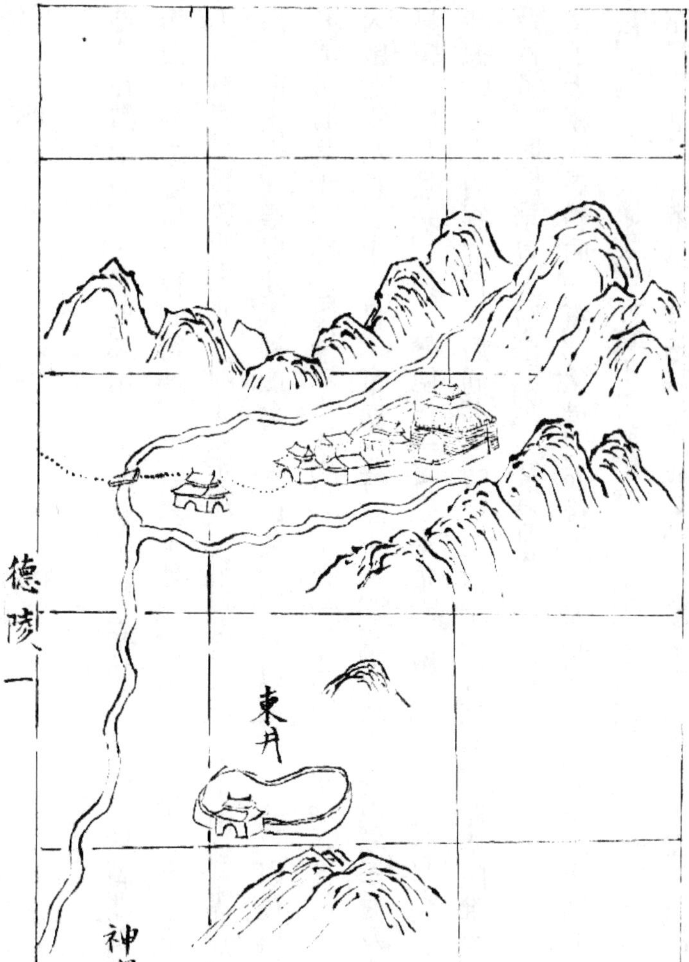

德陵

德陵在潭子峪，一名雙鏁山，大明熹宗悊皇帝陵也。山自居庸關萬山中分支，東走爲天壽龍砂外之餘氣，孤峰特峙，左右界水外，群山一起一伏，參差不一。左肩受風於北之東，右肩受風於西之北，即佳氣所鍾，風力可畏，況乎主山峻峭如削，氣脉全無乎？連世昌，術士也，幾以此誤神廟矣。風以散之，水以漬之，非所以爲棲神域，而敢於上聞，其罪可勝誅乎？然德陵締造十年而後，夫豈術士之爲之乎？

天啟七年八月二十一日，帝崩，壽二十三，謚曰達天闡道敦孝篤友章文襄武靖穆莊勤悊皇帝，廟號熹宗。初，輔臣作「哲宗皇帝」，威宗御筆改「哲」爲「悊」。崇禎元年三月葬德陵。大明制，帝、后同葬一陵，二祖十宗皆然矣，而德陵惟葬帝，雖懿安張皇后不及祔者，時同則會，時乖則别，當其乖也。

父子天親，異體而一氣，父母安而後人子之心安，未有委之壑而心能泰然者。天壽之幽宫，莫不善於康陵，亦莫不善於德陵者，則二帝之斬然也。

懿安張皇后答帝以「方讀《趙高傳》」，戒威宗以勿食宫中食，可謂知人達變，賢而明者已。崇禎十七年三月十九日，流賊李自成陷京城，威宗將殉社稷，傳旨後宫各自裁，列皇后及妃嬪亦既奉詔矣，懿安張皇后聞變即投繯，宫監王永壽從懿安宫趨奏威宗曰：「懿安皇后自縊死矣。」一崩天之禍，后乃不得祔德陵也，惜哉！大明一代天子，臨御七年，而皇后不得同穴者，熹宗也，惜哉！或曰甲申五月始合葬，慷慨赴死而葬於五月也，不益惜哉！

德陵碑亭在永陵門東北二里六十跬，制皆如慶陵。碑正西向，無文字，亦如慶陵，崇禎九年建也。亭南有省牲亭，又南祠祭署，又南一里東井，又西南一里神宫監，亭東九十一跬祾恩門。

祾恩門，德陵之陵寢門也。黄瓦，朱扉，重簷。向西，門三道，中榜曰「祾恩門」。周紅牆屬之，門加鑰，司啟閉，制皆如慶陵，惟棟桷今欲崩折，諸陵歷年久，且不若是也。門以内，左神廚，右神庫，各五椽。丹墀中神帛爐左右各二，今圯一。門東二百六十三跬寶城。

祾恩殿，黄屋、朱扉、重簷。正西面向庚，額曰「祾恩殿」。殿五楹，梁柱樸素，無雕鏤采纂，制則如獻陵，而不崇高，不堅緻，湫隘狹小，效獻陵而過之。固創始之苟且，抑營構而後無復踵舊增新，以至此乎？殿内不置門，殿後北爲門三道，又北石坊，又北石供案，上置石供器。殿東一百六十四跬寶城。

寶城砌石繚周垣，列雉堞，制如獻陵，周一里有奇。甕門一，西向，深五十跬，左右折上明樓。

明樓距寶城上，城臺環短垣，樓高聳，黄頂琉璃瓦，橫檻高甍，重簷四出，制如獻陵。樓西面方位向庚，額曰「德陵」。中樹穹碑，龍首方趺，大書曰「大明熹宗悊皇帝之陵」。地在谷中，四塞，樓西望永陵在申，其他無睹也。

獻陵圖

每方一里，每里七百二十跬

獻陵

獻陵在黄山寺一嶺，山故有寺。永樂十四年，以營陵，遷之南邵村矣。嶺爲大明仁宗昭皇帝陵也。地脉自黄土山中峰分幹而右，起伏而入於穴者也。群山北枕，環列爲障，如扆如屏，猶夫長陵也；龍砂重疊，山水拱抱，猶夫長陵也。雖地勢偏右，氣脉不周正貫通，爲天壽正幹之支，而非幹之幹也。然亦因天性擄真土，處勢高敞，旁近祖考者矣。其黄土山右砂腳有延長，横亘於前，券臺不免於促，制度不免於隘，而後代通政粱子奇世之曉水脉者，固稱爲「氣勢端嚴，規模中正」矣。

洪熙元年五月十二日，帝崩。壽四十有八。九月，葬獻陵。上尊謚曰敬天體道純誠至德弘文欽武章聖遠孝昭皇帝，廟號仁宗。孝誠張皇后，正統七年十月崩，合葬獻陵。謚曰孝誠恭肅明德弘仁承天啟聖昭皇后。四妃先殉。

帝在青宫，踐帝位，皆欲遷都而南，棲神之壤，未厝意也，及虞淵日落，繼祚之主尚在留都，秋七月，於天壽山始營陵，又二月始葬也。

帝遺詔曰：「朕臨御日淺，恩澤未洽於民，不忍重勞，山陵制度，務從儉約。」

《春秋》之義，國君即位未踰年而卒，未成爲君。蔡邕曰：「君不踰年而崩，不列於宗廟。四時就陵上祭寢而已。」帝臨御甫十越月，而厚澤深仁，惟漢之文帝、宋之仁宗庶幾近之，而山陵寢殿之儉約，爲一代最，蓋德彌厚者歛彌薄，智愈深者葬愈微，惟帝爲然已。正統間，殿然於一炬，而脩復者能循舊章，是則善體帝之心也已。

嗣皇帝營獻陵，諭大臣曰：「國家以四海之富葬其親，豈惜勞費？然古之帝王皆從儉制，孝子思保其親之體魄於久遠者，不欲厚葬。秦漢之事，可爲明鑒。况皇考遺詔，務從簡樸，天下所共知也。」

獻陵制度，皆宣宗所規畫，成山侯王通、工部尚書黄福所董治也。劉向所謂「孝子賢臣亦承命順意而薄葬之」，此誠奉安君父忠孝之至也，非宣宗其誰耶？

獻陵碑亭在長陵門西一里二百八十六跬，石柱，琉璃黄甋瓦，獸吻飛甍，重簷四出。門四闢，周欄檻，坐癸向丁。中樹穹碑，龍首龜趺，制皆如長陵，惟碑無文字，盖有待於嗣皇帝之爲之也。先是，太祖高皇帝曰：「皇陵碑記皆儒臣粉飾之文，恐不足爲後世子孫戒，特述艱難，明昌運，俾世代見之。」於是孝陵之碑文出於成祖，長陵之碑文出於仁宗，碑亭文字必繼體之聖藻，非儒臣所敢摛文也。自是而後，十陵碑亭但樹空碑，職是故也。亭南有神宫監，又南有祠祭署，瓦皆黑。亭北有宰牲亭，甋瓦色黄。瓦有別諸陵，率如是也。亭北二百跬祾恩門。

祾恩門，獻陵第一垣之門，以衛享殿者也。長陵右砂横亘於陵之享殿、寶城間，於是享殿、寶城各爲一垣。天壽山中，惟陵與慶陵如是也。長陵右砂，陵爲第一，慶陵則其二也。陵之殿無重門，故榜「祾恩」於是門。黄瓦，單簷，朱扉，南向門三道，道閾，紅牆周繚屬之門，鍵門扇，中涓守冢，司啟閉，諸陵皆如是也。門以内，左神廚，右神庫，各五楹，丹墀中神帛爐左右二，陛三道，丹陛石欄級一，諸陵制皆如是也。門北六百七十一跬寶城，北一百一十八跬祾恩殿。

祾恩殿，獻陵之享殿。黄屋，單簷，朱扉。南面向丁，榜曰「祾恩殿」，制亦如長陵，惟不重簷，不同也。殿五楹，卑隘，棟宇楣梁質素無采篆，儉樸之至，天壽諸陵無一同焉者，深二十四跬。殿後有門，門北有牆，牆北則玉案山，蓋黄土山右之第一砂腳延長至此，横截殿後。山雖卑，且盡以長陵，豈敢動抔土？《圖經》云「龍砂不可損傷」，此殿所以搆於玉案之南也。玉案山北有溝繞享殿後，而襟帶寶城之前，雨集則西流折而南去。享殿、寶城離而爲二者，因玉案山勢，亦因溝水也。

獻陵門，第二垣之門，以衛寶城者也。黄瓦，單簷，朱扉，南向門三道，左右紅牆周繚，屬寶城。鍵門扇、守陵司啟閉如第一垣矣。門之外石橋三道，道一空，制如御溝，玉案山北之水所經而西南流也。玉案山自東來至此，高不及尋，盡於門西，神道旋繞，出入兩垣所經繇也。門北有石坊，今存石柱一。又北石供案一，供器五，尚存也。門北一百有六跬寶城。

寶城砌巨石，高三仞許，繚周垣，雉堞相聯屬，制亦如長陵。城周一里許，不及長陵之半山童然。甕門一，南向，深三十有八跬，平而不坡，左右上明樓。

明樓踞寶城上，城臺四周繚石爲城堞。地甃石，平於掌，中爲明樓，樓高起數仞，木石堅厚，黄頂，琉璃瓴瓦，獸吻飛甍，重樓四出。門四闢，制如長陵，諸陵亦然也。樓南面方位向丁，額曰「獻陵」。中樹穹碑，龍首龜趺，大書曰「大明仁宗昭皇帝之陵」。樓東望長陵在乙，南望定陵在申，地偏，樓不高，其他無睹也。

景陵圖

每方一里，每里七百二十跬

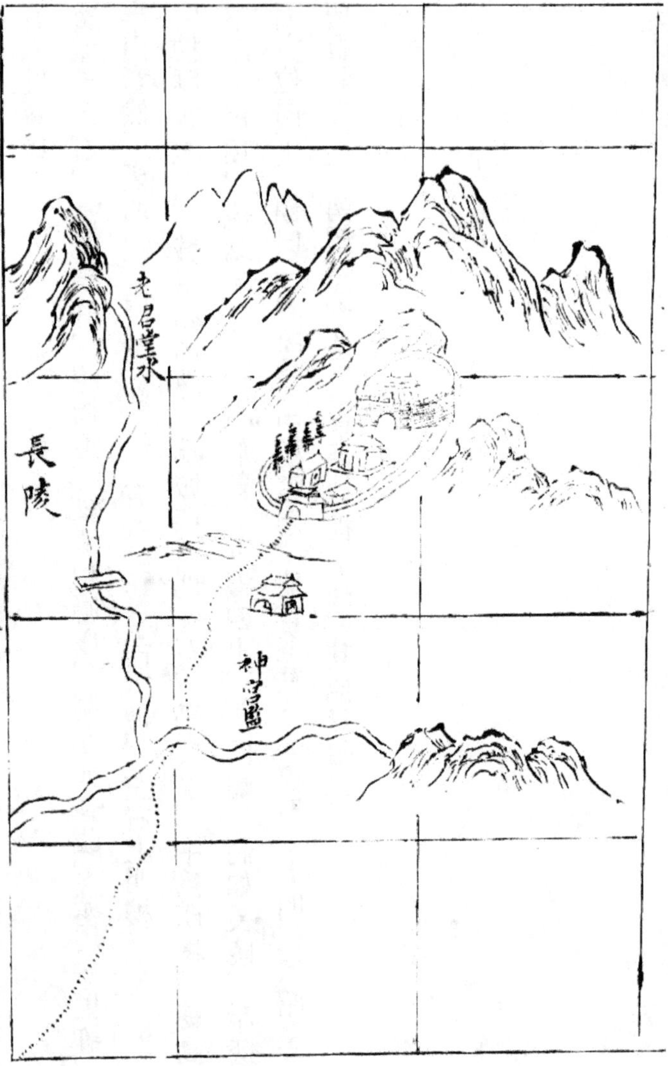

景陵 一

景陵

景陵在黑山，大明宣宗章皇帝陵也。山分幹於居庸，當黄土山之左，而隔於一澗。一峰特起，氣勢甚雄，融結亦正，且負具奇傑，與黄土並峙肩隨，而不自安於培塿矣。雖王氣聚秀、正大端莊不及長陵，而喬嶽可依，特立可喜，殆無踰於黑山者。環抱之砂腳、廣大之明堂、效順之帶水，皆與長陵共之。挺拔於側，若捉刀之立牀頭也。山勢偏於左，地偪隘，向利西南，而氣脉規模可槩矣。

宣德十年正月初三日，帝崩，壽三十有八。二月，葬景陵。上尊謚曰憲天崇道英明神聖欽文昭武寬仁純孝章皇帝，廟號宣宗。孝恭孫皇后，天順六年九月崩，合葬景陵，謚曰孝恭懿憲慈仁莊烈齊天配聖章皇后。八妃先殉。

宣德五年二月，上奉皇太后謁長陵、獻陵。

帝常朝天壽陵，賜蹇義等宴，因諭以長陵所建皆太宗所規畫。

初營景陵，凡亭殿、神廚、神庫、宰牲亭、内官房皆建於陵前，成化間，建碑亭於門左。

嘉靖十五年，世宗朝陵，曰：「景陵規制獨小，又多損壞，其於宣宗皇帝功德之大，殊爲弗稱，當重建其殿，增崇其構。」於是始廓大之。

天壽諸陵，獻陵，陵之最樸者；景陵，陵之最小者。天壽佳城，自長陵爲天造地設外，惟獻、景二陵差爲正結，至於寢殿雖樸，雖小，是亦何傷？蓋美在於中，不存於外。以享殿言，景陵固偪於地勢，亦帝之儉德也。帝奄棄四海日，繼體纔九齡，嗣是無復六飛展謁者四朝，宜乎景陵有損壞於嘉靖間也，而帝之儉德，終不損壞。魏文帝有云：「霸陵之完，功在釋之。原陵之掘，罪在明帝。」蓋釋之忠以利君，明帝孝以害親也。然則景陵有長存者，不完於臣子，而完於宣宗也。

景陵碑亭在長陵門東一里四百跬，規制皆如獻陵。碑西南向，樹立於成化間，無文字，亦如獻陵，語詳獻陵碑亭中。亭南一里，神宫監。東北一百四十三跬，祾恩門。

祾恩門，景陵之陵寢門也。黄瓦，重簷，朱扉，門三道，道閥閲，中榜曰「祾恩門」。周紅牆屬之，門加鑰，司啟閉，制皆如長陵。所不同者，左右無掖門，方位向西南。耳門之外，東有宰牲亭，亭右有祠祭署，皆枕山西向，面老君堂水。門以内，左神廚、右神庫，各五椽。丹墀中，左右神帛爐二，階三道，殿陛、石欄、螭頭制如獻陵也。門東北二百有一跬寶城。

祾恩殿，黄屋，重簷，朱扉，飛甍罘罳，面西南，向坤，額曰「祾恩殿」。殿中柱交龍，棟梁雕刻，藻井花鬘，金碧丹漆，制如長陵，而殿僅五楹，則如獻陵矣。殿中暖閣三間，中黼座地屏，今猶存，惟裕陵、茂陵、泰陵、康陵如是，諸陵烏有也。殿後爲門三，門外石塞。門三道，入，北石供案一，石供器五，皆存也。又北有露臺，甃文石，高起二三尺，諸陵不爾也，其他制如長陵矣。殿北一百四十三跬寶城。

寶城砌石，繚周垣，制皆如獻陵，而城廣半，縱加倍，蓋左倚山，限於地勢也。甕門一，西南向，深三十有六跬。入甕城既又七跬，左右上明樓。

明樓踞寶城上，城臺環雉堞，樓高出雲表，滲金頂，琉璃黄瓴瓦，獸吻飛甍，重樓四出，門四闞，制皆如獻陵。樓西南面，方位向坤，額曰「景陵」。中樹穹碑，龍首方趺，大書曰「大明宣宗章皇帝之陵」。樓中西望長陵在西，南望永陵在午，其他無睹也。

裕陵圖

每方一里，每里七百二十跬

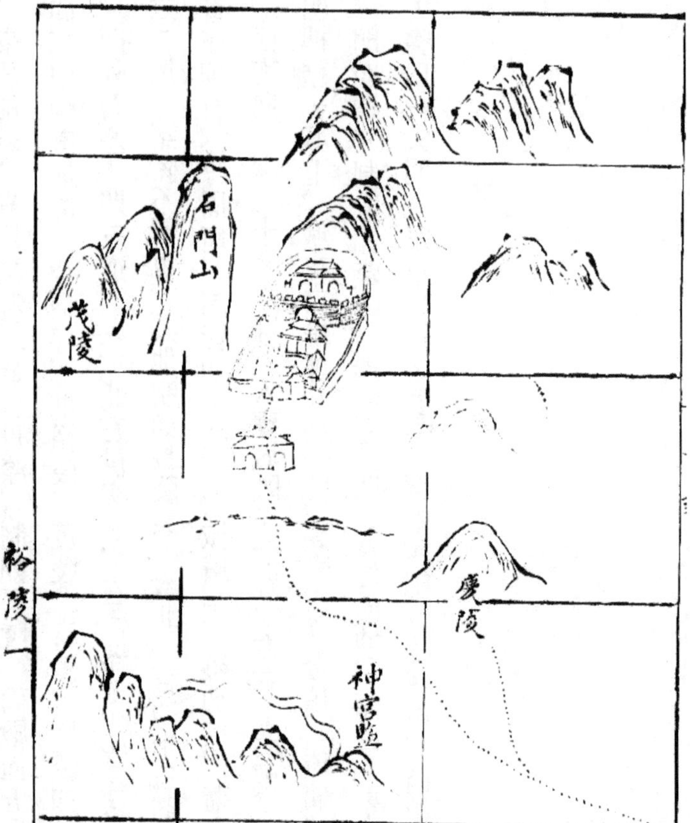

裕陵

裕陵在石門山，大明英宗睿皇帝陵也。山在黄土山之右，三峰列障之外，别起一峰，而附麗黄土山，若國之附庸然也。地脉主山不足爲蔭，求穴之結而佳美，其可得乎？且斗起十尋，於西則有石門山崒嵂聳峙，於西南則有祥子嶺，幽宫之建，必擇土而造穿，何以卜於兹也？國家不用陰陽風水之術，則無適而非吉壤，如其用之，何以卜於兹也？

天順八年正月十七日，帝崩。二月，葬裕陵。上尊謚曰法天立道仁明誠敬昭文憲武至德廣孝睿皇帝，廟號英宗。元配孝莊錢皇后，成化四年六月崩，合葬裕陵，謚曰孝莊獻穆弘惠顯仁恭天欽聖睿皇后。又孝肅周皇后，嗣皇帝生母也。初壓於嫡，不得虚懸宫以待，一時大臣力争之，始留羨道。弘治十七年三月，后崩，始祔裕陵，謚曰孝肅貞順康懿光烈輔天成聖皇后。二后並祔，自英廟始也。故事，謚嫡后及繼后皆蒙帝謚，非嫡非繼，雖繼緒所誕育，帝謚不得而蒙也。此一代之制也。

天順八年正月，帝大漸，召皇太子入，諭之曰：「用人殉葬，吾不忍也。此事宜自我止，後世子孫勿復爲之。」遂命内侍搦管書焉，永爲定制。李賢每稱頌帝德，止殉一事，高出今古矣。

國初之制，合葬園陵止於一后。司馬孚云：「天稱皇天，帝稱皇帝；地稱后土，后稱皇后，此乃所以同天地之大號，流無一之尊名，不待稱國號以自表，不俟稱氏族以自彰。」國初之制，意深遠矣。嘉靖間，世宗西幸，經慶都，覽帝嚳元妃墓，嘆曰：「帝堯父母乃異陵，可見合葬非古也。」世宗且洞徹於心者，何憲廟時議禮者之淆然也？繼立爲后，欲祔則爲之祔矣；追尊所生，欲祔則爲之祔矣。承志於先意，古今之大經，皆所媢一人之借徑矣？

英宗十七妃先後葬金山，皆終其天年，此古今盛典，於英宗焉見之，蓋備歷艱危，增益動忍，復還大寶，故舉動有足爲萬世法。漢文帝遺詔有「歸夫人、美人、良人、八子、七子、長使、少使」之文，成帝出杜陵諸未常御者歸家，爲一代盛事。然袛及身，未垂爲制也。英宗一止殉，而一代妃嬪不惴惴於臨穴，不知其幾。其餘年皆帝延之也，婦女雖貞淫不一，然像人作俑，失天地生物之心。三代以後，聖天子不乏，而不免於以生人從死，是其心爲何心也？因英宗而皆爲惜之。

裕陵碑亭在慶陵碑亭西北一里，獻陵西北一里五百七十五跬，制皆如景陵。碑南向，無文字，亦如景陵。亭東有省牲亭，南有祠祭署，又南一里有神宫監，皆西向。北二十五跬一空石橋，橋三道，制如御河。亭北二百八十三跬祾恩門。

祾恩門，裕陵之陵寢門也。黄瓦、重簷、朱扉，向南。門三道，道閥閱。中榜曰「祾恩門」。周紅牆屬之，門加鑰，司啟閉，制皆如景陵。門之外，平臺、丹陛甃以石，縱二十有九跬。門以内，左神廚，右神庫，各五椽，今駸駸欲圮。丹墀中，左右神帛爐二，亦欲圮。階三道。門北一百九十二跬寶城。

祾恩殿，黄屋，重簷，朱扉。正南面，向丁，額曰「祾恩殿」，殿中梁柱雕鏤丹漆，凡五楹，暖閣三間，中黼座，制皆如景陵，惟扆座上奉安英宗皇帝、皇后神主，爲諸陵寢殿中所無也。殿後不置門，與長、景、永、定四陵異，而同於獻、茂、泰、康、昭諸陵也。左右掖通殿後，又北爲塞門三道。門北石坊，坊北石供案上置石供器五，皆存也。供案前後古柏參天，枝幹森踈，諸陵不及已。殿北一百一十八跬寶城。

寶城砌石繚周垣，列埤堄，制皆如景陵。城内外栝子松柏特多。天順八年種至二千六百八十四株，此剪伐之餘耳。守冢利其枯也，往往去其皮，不夭於斧斤而夭於朘剥矣。古制，陵寢官物皆籍，二年一遣官檢察，内外林木歲以數申太常，今皆不可問，於松柏乎何有？城周二里，甕門一，南向，深四十二跬，地平，左右上明樓。

明樓踞寶城上，城臺周雉堞，樓高聳。黄頂，琉璃瓦，獸吻飛甍，重樓四出，門四闢，制如景陵。樓南面，方位向丁，額曰「裕陵」。中樹穹碑，鰲首方趺，大書曰「大明英宗睿皇帝之陵」。樓中南望慶陵在丙，大紅門在丙，定陵在未，西望茂陵在酉，其他無睹也。

茂陵圖

每方一里，每里七百二十跬

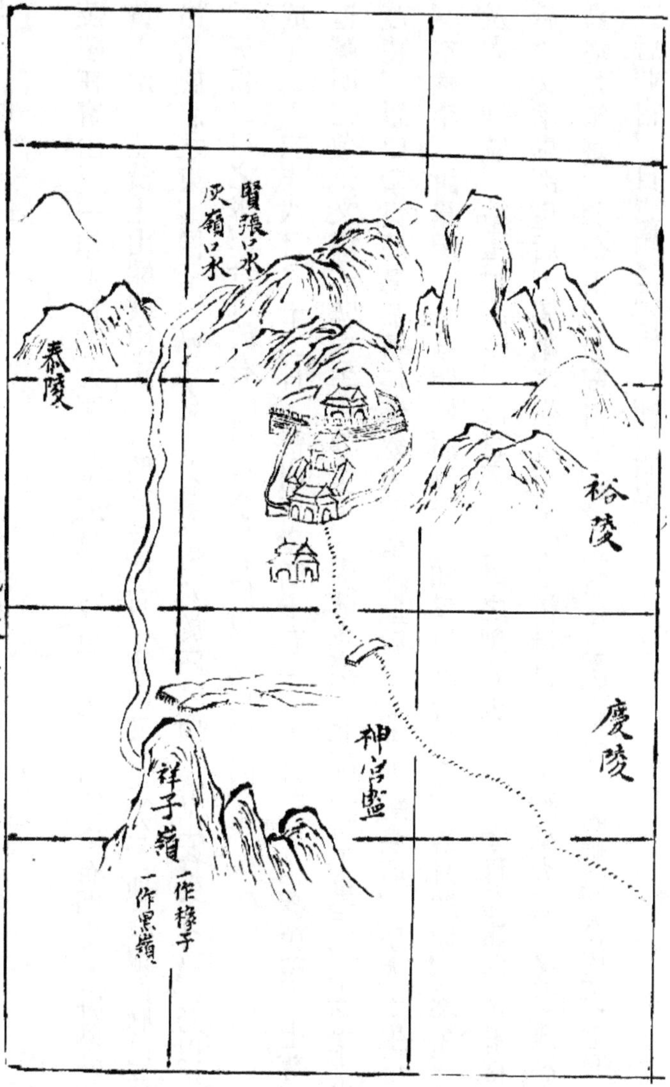

茂陵一

茂陵

茂陵在寶山，一作聚寶，大明憲宗純皇帝陵也。山與裕陵之石門山一幹兩岐，而附麗於黄土山。然黄土山端嚴中正，石門已岐而右，寶山又右之右，地益偏而脉已益微矣。石門昂然於北之東，橡子嶺即祥子嶺，又名黑嶺挺然於南之西，群山各失其位，乃以營陵也。賢張、灰嶺二口之水，合流於右。風之入自右肩也，何以營陵也！

成化二十三年八月二十二日，帝崩，壽四十有一。十月壬午，葬茂陵。上尊謚曰繼天凝道誠明仁敬崇文肅武弘德至孝純皇帝，廟號憲宗。元配孝貞王皇后，正德十三年崩，合葬茂陵，謚曰孝貞莊懿恭靖仁慈欽天輔聖純皇后。又孝穆紀皇后，皇太子生母也，賀縣人，本姓李，訛爲紀，時萬妃妬而無子，知孝穆誕育東宫，逾月觴飲，遂卒，時葬金山。及太子繼統，始遷祔茂陵，循憲宗葬生母之創典也。謚曰孝穆慈惠恭恪莊僖崇天承聖皇后。又孝惠邵皇后，興獻之生母，世宗之祖母也。世宗纘承大統，遂尊爲壽安皇太后。嘉靖九年薨，葬金山，尋遷祔茂陵。謚曰孝惠康肅温仁懿順協天祐聖皇后。嫡母、生母三后並祔，自憲廟之紀后、邵后始也。

蕭太后，宋武帝母也。其遺令曰：「漢世帝后陵皆異處。」韓愈曰：「改葬者，爲山崩水湧毁其墓，及葬而禮不備者，若文王之葬王季，以水嚙其墓是也。」帝后且不合葬，則不必祔；無山水患，則不當遷。而往往爲之者，則尊大身名之過，因欲以顯其親曾不知地道之宜静，體魄之求安，顧舉先人之嵤骼，若奕之於棊然。而且自矜爲孝，夫親而等之於棊也，安在其爲孝也？然亦奸邪希合之人之逢其君也。

帝十二妃各以壽終，先後葬金山，惟萬氏葬天壽西南，曰蘇山，所謂萬貴妃墳也。萬氏齒長於帝十九年，柔曼傾意，以色寵聞，宴樂不休。災異見，盜賊興，皆其召之。又以無嗣，佞佛求福，役匠興工，且取寶石於千崖、猛密，中外騷驛，最甚者，妒孝宗之生母，死非其所，一代妃嬪之失德，莫或過之矣。顧葬之於天壽也，何哉？

賢張、灰嶺二口之水，當茂陵之右，泰陵之左，合流而南趨天壽者也。出入山徑，率循水濱。口外路通何地，柴籬渠答，設險在人。永樂間於灰嶺口甃石爲城迎敵，有樓封山，創始未嘗不知爲塞垣重戍也。嘉靖十六年，復脩之，且於賢張口建城，一祖一宗，厝意於此。夫地莫重於山陵，責莫嚴於戍守。崇禎九年，萬馬長驅，於是焉入，而猶謂之國有人焉，可乎？

茂陵碑亭，在裕陵碑亭西一里二百六十三跬，制皆如裕陵，北有石欄，碑南向，無文字，亦如裕陵。亭西有宰牲亭，宰牲亭左有祠祭署，又南一百八十跬神宫監，皆西向。

亭北九十六跬祾恩門。

祾恩門，茂陵之陵寢門也。黄瓦，重簷，朱扉，向南。門三道，道閥閲，中榜曰「祾恩門」。周紅牆屬之，門加鑰，司啟閉，制皆如裕陵。門以内，左神廚、右神庫，各五椽，今圮且過半，丹墀中左右神帛爐二，門北二百有二跬寶城。

祾恩殿，黄屋、重簷、朱扉，正南面向丁，額曰「祾恩殿」。殿中梁柱雕鏤加髹，丹雘金碧，凡五楹，暖閣三間，中黼座，制皆如裕陵。殿後不置後門，路從左右掖則如裕陵，殿北塞門三道，又北石坊，又北石供案，上置石供器。石案左右，松柏成列，亦如裕陵。殿北九十九跬寶城。

寶城砌石繚周垣，列粉堞，制如裕陵。内外多松柏，百年物也。城周二里，甕門一。南向，深四十有六跬。甕門外北六跬，有短垣，左右上明樓。

明樓踞寶城上，城臺周雉堞，樓高聳，黄頂，琉璃瓦，獸吻飛甍，重樓四出，門四闢，制如裕陵。樓南面，方位向丁，額曰「茂陵」。中樹穹碑，龍首龜趺，大書曰「大明憲宗純皇帝之陵」，樓中東望裕陵在卯，慶陵在辰，其他無睹也。

泰陵圖

每方一里，每里七百二十跬

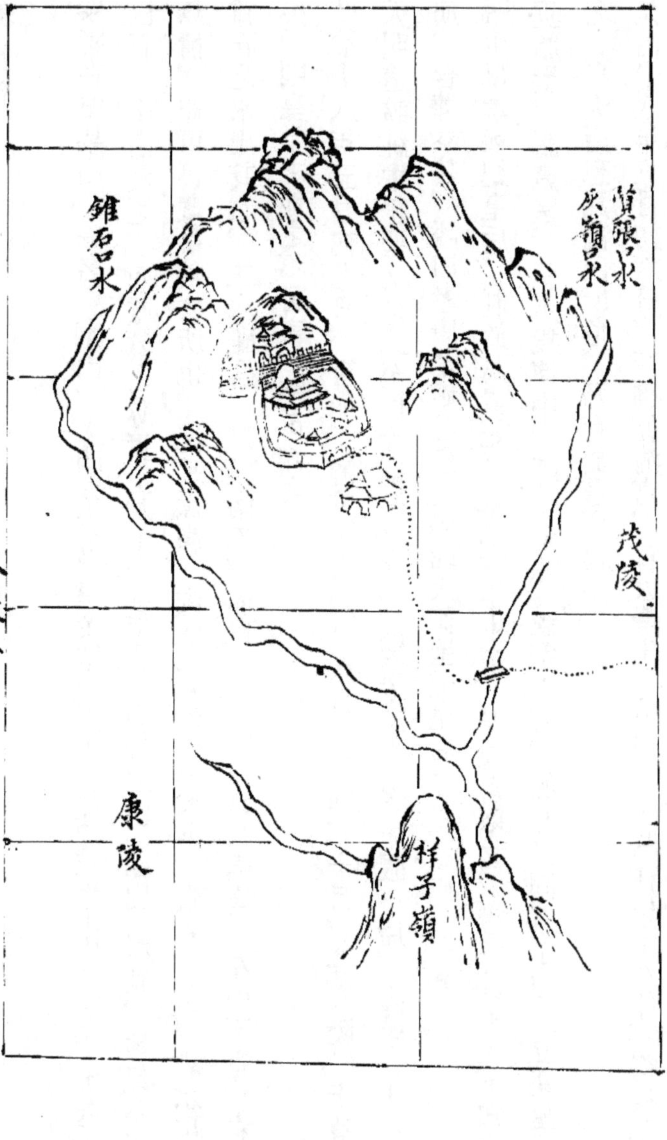

泰陵

泰陵在筆架山，一名史家山，大明孝宗敬皇帝陵也。山自居庸萬山中分支而突起者，山巔巨石，土山戴之，而靈域之脉實生其下，蓋天壽山外之山，淆然雜亂，地氣不正，穴結無情，非可爲藏弓劍之所也。況乎黑嶺、南障一無所見於前，賢張、灰嶺之水出其左，雜石之水出其右，二水雖合，環繞南流，而風之散也，當其兩肩，左而不宜，右而不有矣。則皇堂之地之不可言，槩可知矣。

弘治十八年五月初七日，帝崩，壽三十有六。六月，營繕，十月，葬泰陵。上尊謚曰達天明道誠純中正聖文神武至仁大德敬皇帝，廟號孝宗。孝康張皇后，嘉靖二十一年八月崩，合葬泰陵，謚曰孝康靖肅莊慈哲懿翊天贊聖敬皇后。

帝生母孝穆紀皇后，制於萬貴妃。成化六年生帝，孝穆密舉之，憲宗及萬氏不知也。六歲垂胎髮，謁憲宗，亟走投懷中，呼「爺」，憲宗大喜，始知已固有子也。立爲皇子，自命名，皇太后恐爲萬氏所危，乃育於慈聖宫中。

弘治十八年五月初六日，帝御乾清宫，宣大學士入諭曰：「朕在位十八年，得疾不能興。東宫今十五歲，年幼好逸樂，宜輔之讀書爲人。」帝遂升遐。十月葬泰陵，方掩壙，五色雲見陵上。

帝初登假，太皇太后傳旨内閣曰：「自古帝王能孝親脩德如大行皇帝者，恐不多得。内閣先生須定一佳謚，傳之無窮。」按昭代故事，列聖謚率用十六字，而末總之以「孝」，惟帝獨以「孝」爲廟號，奉懿旨彰其孝也。憲宗賓天，帝哀毀，哭臨二十七日，禮臣請如制易服，帝衣素如故，朝臣服吉者乃趨出更衣。百日，又如之。禮臣固請從吉，定儀註三年不鳴鐘伐鼓，不受朝賀，朔望宫中素服舉奠。帝孝德感動中外如此。

弘治十八年六月，營泰陵，勅太監李興、新興伯譚祐、工部侍部李鐩董其事，吏部主事楊子器親見泰陵金井内水孔大於杯，仰歎不止。歸而疏諸朝，李興誣以誹謗，下子器錦衣獄。會起復知縣丘泰激烈抗疏，云：「泰陵有水，通國具知，此時不言，萬一梓宫葬後有言者，欲開則洩氣，不開則抱恨終天，今第視水有無，疑可立釋矣。」於是李鐩陰令人填塞水孔，回奏無水，太皇太后曰：「無水則已，何必罪言者。」事乃寢。

宋真宗山陵穴有石，石盡水出，王曾奏以擅易皇堂於絶地，遂去丁謂，誅雷允恭。泰陵有水，遏閉於少頃，浸漬於百年，非如真宗尚可改葬也，而表裏爲奸，欺蔽一時，忍置孝宗之蜕玉盈盈一水中，以覆其嗣，不敬之罪，大莫大乎此矣！而盈廷之端笏垂紳，舉如喑聾，如寒蟬，何哉？嗟乎，一代之人物，無能比跡王沂公之萬一，而欺人主、欺群臣，則百什於丁謂、允恭，非世之多小人，蓋世之無君子也。

漢成帝營昌陵，增埤爲高，積土爲山，客土淺，外不固，數年不成，復還歸延陵，漢之不憚改作，得即位爲椑之意也，泰陵之不及改葬也，不預建山陵之過也。

隋文帝謂「吉凶繇人，不在於地，高緯葬父豈不卜乎」，斯言也，可爲泥於風水、惑於葬師者之藥石，而臣子之不厚於終，則不得而借口也。夫父子之骨肉一體，未有父母安而子孫不安，父母危而子孫不危，生死皆然，必至之理也。雖禍福有無不可知，而葬地之安危則易見，化者安危可念也。生者安危尤可念也，此匹夫匹婦之所慎也。皇堂有水，宮禁已知，而漫然若不聞者，豈盡煬灶之奸，以有爲無，足以亂人之聽耶？抑亦終之不甚慎耶？

賢張口在陵北二里，灰嶺口在北九里，錐石口在西一里四百跬，皆有垣、有門、有守禦。嘉靖十六年重建置者，非徒以防竊鈎之小偷也。陵寢之重，而但爲竊鈎之防乎？況乎患不止於陵寢也。崇禎九年之患可爲寒心也。

泰陵碑亭在茂陵碑亭西北二里一百二十八跬，制皆如茂陵。碑南向，無文字，亦如茂陵。亭東有省牲亭，西向，西有神宮監，東向。省牲亭左有祠祭署，並西向。亭北一百八十三跬祾恩門。

祾恩門，泰陵之陵寢門也。黄瓦，重簷，朱扉。向南，門三道，中榜曰「祾恩門」，周紅牆屬之，門加鑰，司啟閉，制皆如茂陵。今左右兩門壞，壘石以塞。門内左神廚、右神庫，各五椽。丹墀中，左右神帛爐各一，階三道，門北一百七十九跬寶城。

祾恩殿，黄屋，重簷，朱扉，正南面，向丙。額曰「祾恩殿」，殿中梁柱雕鏤丹漆，凡五楹。暖閣三間，中黼座，制皆如茂陵。其藻井地屏，今猶存也。殿後不置門，路從左右掖，如裕陵也。殿北塞門三道，又北石坊，又北石供案，上置石供器。供案左右松柏成行，殿北九十五跬寶城。

寶城砌石繚周垣，列雉堞，制如茂陵，山平不起冢。城周二里，甃門一，南向深四十六跬，左右上明樓。

明樓踞寶城上，城臺環女牆，牆高聳，滲金黄頂，琉璃瓦，獸吻飛甍，重樓四出，洞門四闢，制如裕陵。樓南面，方位向丙，額曰「泰陵」。中樹穹碑，龍首龜趺，大書曰「大明孝宗敬皇帝之陵」，樓中東望裕陵在辰，茂陵在乙，慶陵在巽，西望康陵在申，其他無睹也。

康陵圖

每方一里，每里一百二十跬

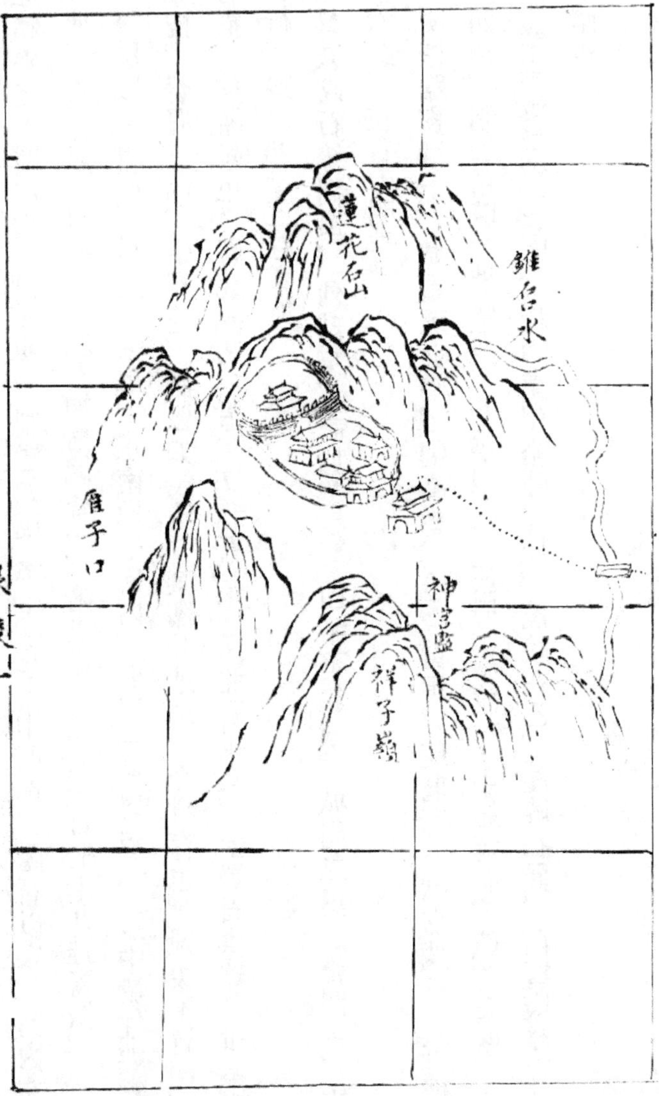

康陵一

康陵

康陵在金嶺，一名八寶蓮花山，大明武宗毅皇帝陵也。山亦從居庸萬山中分支突起，與史家山相隔一澗，各爲雄長者。口外之水逕於山澗，而入於天壽之諸水，故山亦不可謂非天壽封域之内也。諸山中求尖秀生動者，殊不可得。頑石五峰，巉岏陡峭，爲主峰，而梓宫適安其下，地脉非所有，不待相冢而知矣。面之若屏，而壁立於前者，黑嶺也。左右羅列，猙獰怒張者，郡峰也。寢殿之間，寶城之上，安得不陰翳凜冽？仰視天日，幽於井底。誰實爲之，而主張乎是？夫地必卜吉，以奉先爲計，利後爲圖，顧徒取祔六陵而不卜其吉也，何哉？

正德十六年三月十四日，帝崩。壽三十有一。五月葬康陵，上尊謚曰承天達道英肅睿哲昭德顯功弘文思孝毅皇帝，廟號武宗。孝靖夏皇后，嘉靖十四年崩，合葬康陵，謚曰孝靖莊惠安肅温誠順天偕聖毅皇后。

帝在宥，起居長御豹房，車駕四出，六宫望幸，所幸惟二妃，即世無嗣，先後葬金山。

錐石水在東北二里，灰嶺口，又東十二里。寢園何地，而帝於塞垣重戍規畫爲陵，豈以天子神武，自將守邊，雖千秋萬歲後猶且爲之乎？崇禎九年，昌平失陷，引弓萬馬從二口入也。西北三里鴈子口，地偏道陀狹，然其車距錐石口纔十有二里，未可以爲回遠也。嘉靖十六年所脩復者，後此而不置戍也。何哉？

康陵群山簇擁，故陰幽不可名狀。袁宏道謂：「沿溪行，水石相觸，石獰而水怒。」田大受《謁陵記》謂：「十二陵中，康陵最僻遠。」又謂：「背負五峰，形如青菡萏，舊名蓮華山，灌莽陰森，望之不見土石。」是説也，就山徑言也，就主山言、林木言也，皆見康陵之一斑也。

康陵碑亭在泰陵西二里二百九十跬，制皆如泰陵。碑東向，無文字，亦如泰陵。亭左有宰牲亭，右有神宫監。宰牲亭之左有祠祭署。亭西一百五十七跬祾恩門。

祾恩門，康陵之陵寢門也，黄瓦，重簷，朱扉。向東，門三道，中榜曰「祾恩門」，周紅牆屬之。門加鑰，司啟閉，制皆如泰陵。門以内，左神廚，右神庫，各五椽，今棟宇圮侈，堿阯頽敗矣。丹墀中左右神帛爐二，今圮且盡，門西一百九十一跬寶城。

祾恩殿，黄屋、重簷、朱扉。正東面，向乙，額曰「祾恩殿」。天王殿無東向，殿東向，自康陵始也。凡五楹，中黼座，殿内不置門，制皆如泰陵，惟方位各别也。殿外殿中，亭午常陰，諸陵不如是也。殿西塞門三道，又西石坊，又西石供案，上置石供器。

殿西八十九跬寶城。

寶城砌石繚周垣，列雉堞，制如泰陵。内外多松柏，城周一里有奇，洞門一。東向深四十六跬平步，左右上明樓。

明樓踞寶城上，四周環女牆，今猶存也。樓爲賊焚毁盡矣，歲月不可考。黍離麥秀之悲，於康陵獨先及之矣。樓中烈焰所餘，斷瓦頽垣，甕門四闢之半壁而已。正東而方位向乙，瓦礫中樹殘碑，大書曰「大明武宗毅皇帝之陵」，風雨所横侵，不剥蝕漫漶而已矣。樓臺四望，惟西負金嶺，南面黑嶺而已矣。其他無睹也。

《帝陵圖説》世無刻本，各藏書家所未著録，惟武林丁氏有《藏書志》，有此抄本。其書今歸南京國學圖書館。辛未冬，特往閲覽，蓋有説無圖，且缺書後兩篇。其紙亦不甚舊，大約有汪魚亭藏閲書印，大約即汪氏傳抄本也。此本圖説俱備，紙墨皆舊，不知天壤間有第二本否？故鄉遺著，敢不什襲珍藏乎？其有關明清史料，原書具在，不另敘。

辛未小寒日蘅溪識於西湖圖書館

攢宮圖

每方一里，每里七百二十跬

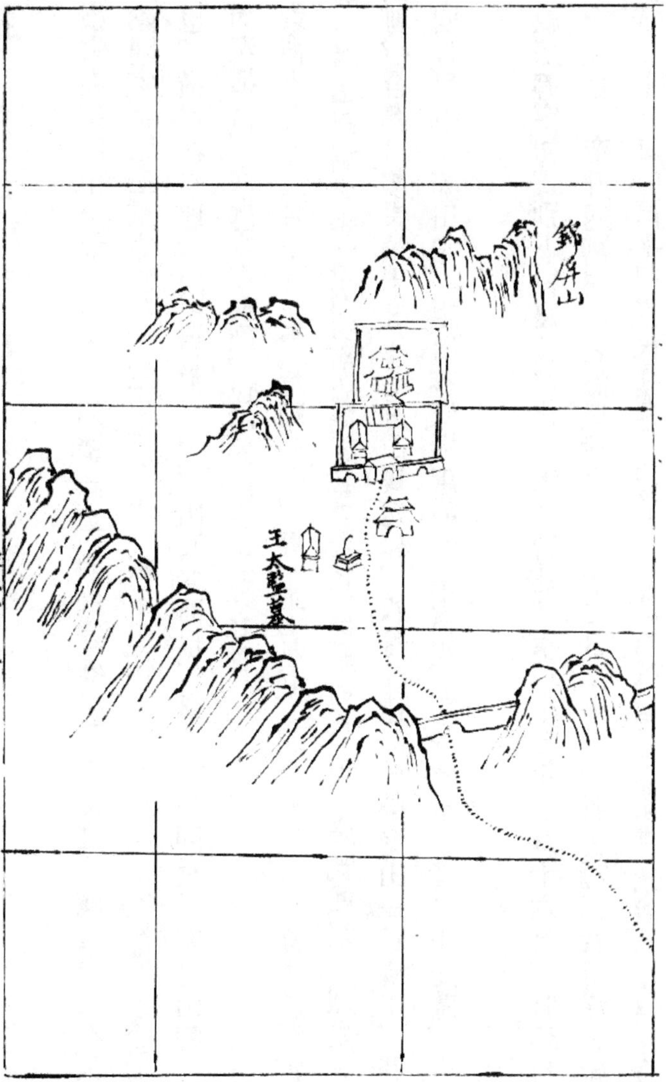

攢宮一

攢宮

攢宮在錦屏山之前，一作「錦壁」，大明威宗烈皇帝攢掩之丘隧也。山在天壽西南隅，陰陽家謂第三重之砂腳，主山六石山，高不三仞，亭亭孤立，有如屏，然或名鹿馬，不倫也。攢宮在平地，距山根數十武，山其北藩也，風水可無問矣。歷世山陵，地且不卜，而況攢宮，而況天地崩裂，攢宮非臣子之葬之者。

崇禎十七年三月十九日，帝殉社稷，壽三十有五。四月初四日，權厝於攢宮。初南都恭上尊謚曰紹天繹道剛明恪儉揆文奮武敦仁懋孝烈皇帝，廟號威宗。烈皇后周氏同死國難，合葬。按崇禎十五年七月田貴妃薨，八月諭禮部於錦壁山擇日鳩工，閏十一月二十四日發引，葬田妃，謚曰恭淑端惠静懷皇貴妃，葬於此也。昔之田妃墓，今之攢宮也。

威宗御宇初，别卜陵寢於遵化，未及營建。崇禎十七年三月十六日，賊李自成逼京城，十九日，帝升遐萬壽山之壽皇殿也。二十二日，殮，加翼善冠、衮玉滲金靴，丹漆梓宮。二十九日，昌平州士民孫繁祉、劉汝朴、白紳、徐魁、鄧科、趙永健、劉應元、楊道、王政行、王汝朴輩集錢賃工，穿發田貴妃墓，開通羨道，深三丈五尺，濶一丈，隧長十三丈五尺，得壙宮石門。四月三日，龍輴蜃車六引發。四日晡甫竁，奉帝居石牀中，烈皇后居左，移田妃於右。奉安既，斬蓬斥上，復土闉隧，封高四尺許，雜蜃灰互物，周遭築土垣及肩。

禮制書丹，時倉卒不及琢石，乃磨甎以代。適龔佳育避地昌平，當捉筆硃書曰「大明崇禎皇帝之陵」，鈐之以鐵，奉安梓宮前。

山陵故事，以鐵帳覆畫梓，以椶櫚褥藉石牀，以鐵盆、鐵山盛漆燈，且有塗車芻靈之儀，凡服御法物皆以殮。考趙一桂《開田妃墓記》，以枴釘鑰匙開第一層石門，門內享殿三間，正中石香案，陳祭器，案旁列紅紫錦綺繒幣五色具，左右列侍宮嬪生存所用器物，襲皮奩，其皆貯以大紅木笥。殿中懸萬年燈二。殿東石寢牀一，牀上氈褥氍毹、龍鳳錦被、龍枕各秘器具在，不異宮中。又開中羨門，門內通長，大殿九間，陳設如前殿。石牀高一尺五寸，濶一丈。按田妃之薨，帝震悼，輟朝三日。而方中秘藏，記載止此，是亦木馬寓人之葬，反素復始，飯含無珠玉，無施珠襦、玉匣之儉德也已。

《春秋》：「君弒，賊不討不書葬。」則烈皇帝雖葬而未可爲葬也，則雖營陵而未可稱陵也，而況其非也。按宋昭慈皇后孟氏崩，遺詔：「擇近地攢殯，俟軍事寧息，歸葬園陵。」殯殿之名，於是乎始。嗣是有殿殯、改殯。及顯仁太后祔永祐殯宮，易殯以攢矣。烈皇帝殯於田妃墓，國恥未雪，不謂之攢宮不可也，以陵稱不可也，以思稱尤不可也。

紹宗追尊端皇帝也，陵曰思陵，則以思陵稱攢宫者，皆未之思也。

古今無不亡之國，無不喪之身，當國亡身喪，而正大光明、轟轟烈烈者，烈皇帝一人而已。況國運既衰之日，求治最切，憂勤之深，聖帝明王，無以過此。天下雖亡，大行長存，未可以惡謚加也。南都擬廟號曰「思」，按謚法：「大省兆民曰思，追悔前過曰思。」有議「思」非美謚，給事李清請更之，高弘圖謂：「比德欽明，繼美放勳。」而馬、阮諸人易「思」曰「毅」，夫武宗稱「毅」久矣，奈何不之考也？蓋謚「思」者既非，而易「毅」者未是，不待左良玉之檄而知其謬誤矣。福京改曰「威宗」，誠定謚也。他則惡謚矣。左宗郢有云：「宋高宗時加秦檜以盡美之謚，今何嘗稱之？然則加烈皇以惡謚，後人又何嘗稱之？」

攢宫冢在錦屏山之南數十武，冢高四尺許，不封不樹。正南面，方位向午，甃甎以蜃灰，地平無寶城，蔓草榛蕪，徧廣袤也。東西北三面環短垣，冢北三十跬則牆趾，東西亦如之。

冢南二十三跬，石供案一，案前平地，石供器五，穴地砌甎爲帛爐，爐今且圮。

冢南四十五跬，爲屋，如亭如樓。單簷，正南面，門一，左右夾牕各一。中樹穹碑一，龍首龜趺，金字九，大書碑上。今碑大書曰「大明莊烈愍皇帝之陵」，其享殿木主備十九字，曰「大明欽天守道敏毅敦儉弘文襄武體仁致孝莊烈愍皇帝」。先是，甲申五月初六日，擾攘倉皇中，用李明睿議，謚懷宗端皇帝。夫稱「宗」已非，稱「懷」尤非，而野史因之，世不知其非也。

冢南六十一跬爲門三道，如陵門之制，而卑狹。

冢南六十六跬爲殿三楹，單簷，中暖閣，閣中安奉神主。殿正南面，向午，深十跬。殿前左右廊廡各三椽，皆湫隘。

冢南一百有四跬，爲門一道，單簷小椽，柱深十跬。左右穴土牆，爲小角門二。牆周回屬之，後垣門加鑰，司啟閉，則守冢四陵卒，卒居冢右百餘武。

冢南一百四十三跬，碑亭一，正南向，重簷而卑小。

冢東北五里三百九十跬，昭陵。

冢南微西二百一十九跬，太監王承恩墓。崇禎十七年三月十九日，從死事，後憫其忠，因以陪葬。

冢南一里一十三跬爲小紅門。

小紅門，天壽山自爲封域，出入之門，必繇之路，惟門與大紅門也。山口則無問矣。小紅門，門一道，穴牆置門已耳。門在天壽極西，亦曰西山口。北距德勝口十里，皆扼要地也。東微南距昌平州西門十里五百二十跬。

帝陵圖説卷之三

金山圖

每方一里，每里七百二十跬

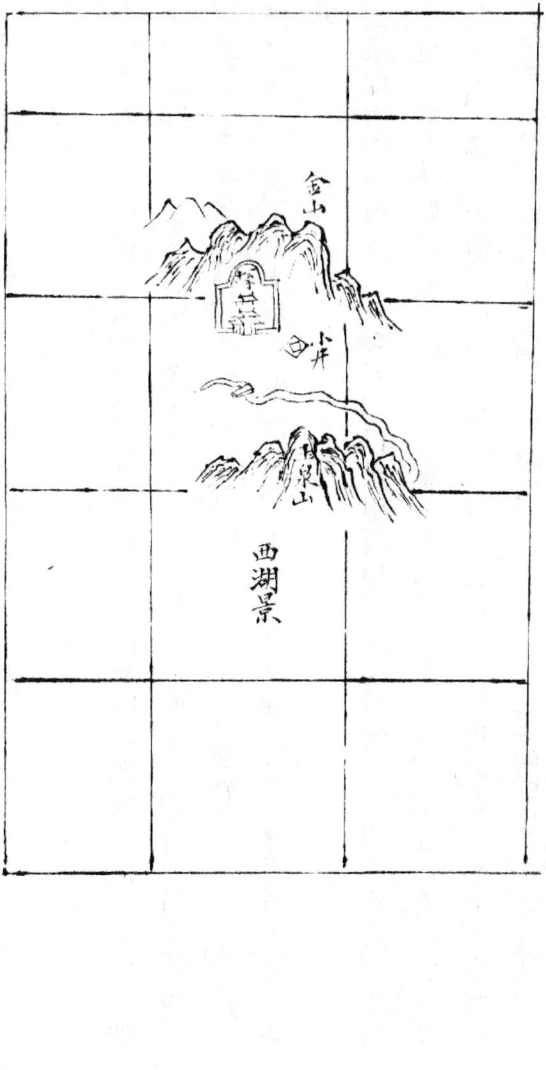

金山

金山，蓋西山之麓一小山也。太行山勢逶迤北走，疊嶂層峰，忽起忽伏，綿延千數百里也。其直京城之西者，謂之西山，統名也。金山地勢發自西山，四峰並峙而簇擁於二培塿，高可四五仞，中峰之氣脉趨兆域中，而三峰之水界之，且勢斜而斗，土色枯燥，草卉頹萎，融結之所，方廣不五十步，局促實甚，士庶人之葛溝已耳。非可爲山陵，爲東園秘器之藏也。

金山南距玉泉山後麓一里許。玉泉者，以泉出石罅，其瀦爲池，其廣三丈許，水清而碧，名以是得也。旁有北閘以蓄洩之，其流東入於西湖。山在北，湖在山南麓也。湖東西二里，南北三里，燕之舊池，亦名大泊湖。西山之水，皆瀦焉西湖，雖大，而水以「玉泉」名。玉泉南流經長春橋、麥莊橋、廣源閘，凡三十里，至高粱橋，達京城西北，乃分二渠，其一循城之左，而東，而南，其一循城之右，而南，而東，經城東南，而二水復合，東流於通州。元郭守敬自昌平白浮村引神山泉過，雙塔、榆河、一畝、玉泉諸水，經甕山泊至西水門，入都城，環匯於積水潭，復東折而南出南水門。東至通州高麗莊，入白河。昔與今小異而大同。所謂甕山泊，則今西湖也。金山口下視都城，

而西湖一帶勢如建瓴。永樂二年，脩金泉河，五年脩堤，蓋一蟻穴之漏，則横決莫

制。守堤吏及牌户日夕分防審視，於今亦然，則玉泉之水也。而金山之案山外，其汪

洋澔渺可知也。

金山東距紅石山口四里六百八十三跬，山固石山，巃嵸而紅，蓋金山餘氣之龍砂也。昔有厲禁，今密邇之增壖甃地，皆鑿山伐石，惟日不足矣。

金山東距青龍橋五里六十三跬，西湖之水半繇青龍橋流入清河，爲甕山泊，分水而殺其勢也。成化間，閉分水，青龍閘相淺深爲啟閉，其用意至深遠矣。橋南長堤七里許以限水者，所謂「蟻穴之漏則横決莫制」者是也。其西西湖，其東海淀，地勢西高而東下也。繇堤而南，平則門、西直門，往來金山之康衢也。

金山東南距甕山六里一百跬，甕山有寺，元以西湖爲濼、爲泊，名皆冒甕山矣。甕山，在海淀西五里，湖水田疇相錯，於今爲盛也。

金山南距西便門外，經紅石口、青龍橋、龍王廟、西湖堤、長春橋、麥莊橋、廣源閘、三虎橋，凡二十三里一百七十五跬。

金山之西，山益深，壠益衆，尊若藩王、太子，下逮媵嬪、刑餘，纍纍然。夜臺相望，無所識別，莫之能知也。而金山直其東小山也，則交互記載，不嫌其詳也。

嘉靖十一年三月敕曰：「金山，玉泉山、七岡山、紅石山、甕山、香峪山，皆山陵龍脉所在，毋得造墳建寺、伐石燒灰。」

景皇帝陵

景皇帝陵在金山，大明代宗景皇帝陵也。陵獨無名，獨不祔昌平者，初不以帝禮葬，不成陵也。不成陵而陵之者，帝號既追復，冢已稱陵。百世而後，從一王之制，臣子之義也。

帝，英宗之弟也，初封郕王，正統十三年，英宗北狩，群臣奉帝監國，守社稷。帝御極，建元景泰，營壽宫於天壽之黄山寺第二嶺。景泰八年正月，帝不豫，二月十九日，帝崩，英宗復辟，改元曰天順，以王禮葬帝於金山，謚曰戾王。俗誤稱「絶王墳」，則訛「戾」爲「捩」也。皇后汪氏，正德元年崩，合葬，謚曰貞惠安和景皇后。憲宗成化十一年，始追復帝號。脩享殿三楹、神廚、神庫、省牲亭、祠祭署、内官房。建立碑亭，大書曰「大明恭仁康定景皇帝之陵」，樹松柏，置守冢。邊貢詩「成戾崩年謚，恭仁葬後稱」是矣。嘉靖十五年三月，世宗詣金山，謁景皇帝陵，以碑亭立門外非制，命移置門内。又命以黄瓦易緑瓦，於是乎非復帝降而王矣，然第稱曰「景皇帝」已耳。安宗立，始追尊爲宗，廟號曰「代」，而陵無名號，猶夫昔也。

帝與英宗，手足天親也，監國則改元踐位，則不迎兄回鑾，則不避位，廢兄所立之儲嗣爲沂王，立己子爲太子，是帝之視天位也過乎重，而視天親也近於輕。然土木之變，天下垂危，當日無君，而有君主神器，安社稷，君臨海内，厝中國於磐石，守七年之運祚，不致拱手北送者，居守有人，保祖宗天下於弗失，非帝而誰也？惜乎知沂王之賢，當新儲短祚，復立爲嗣，是取諸懷而與之天下，後世有不服其悔心之萌、晚蓋之公乎？奈何計不出於此也。貪功喜事之徒，奪門復辟，帝既不得正其終，而棄代之日，謚以爲「戾」，葬以庶人，掩坎金山。七年我后，不得葬壽陵以祔天壽，儼然季氏之葬昭公者，不已過乎！憲宗仁孝，雖追復帝號，建碑亭，脩享殿，繚以環堵，植以松柏，守以寺人，祀以歲時，然未砌寶城，未建明樓，又偪側地勢，規制狹小，氣脉不佳，不但不得埒於藩封，且不得下同黎庶者，憲宗夫豈不知？不忍改英宗之政，則不敢舉而遷之壽陵也。世宗喜更張祖制，又以繼統，無嫌改葬。且興思曾叔祖，一念已萌，及展謁甚虔，顧區區於碑之移，瓦之易，徒事煩文，則已末矣。夫守國令主，在位七年，景泰鴻號，垂之於無窮。而此山、此陵，非所以崇國體而肅觀瞻，且令草野無知目爲絶王，此千載以下所不能平也。玉步既改，九廟既墟，宜乎松楸盡剪，廟貌盡圮，基阯盡壞，瓦礫且多，鉏犁且及。此山、此陵獨近京城，猶先當之，而是陵乃巋然獨全，與凡民之封窆，宿草白楊，依然山巔水涯間，則是陵不幸於當代者，乃幸於易世也。爾來不傷殘於椎埋耕樵之手，而毀壞於閹人守冢之流，謂其幸也，幸如是乎！聳永固嘗請祭建文矣，烈皇帝曰：「建文無陵，何處致祭？」惠宗讓皇帝亦當代之主，君天下、子萬民者四年。四年太平天子，曾無抔土封樹，莫知所葬地，曾不如此山、此陵，則代宗之幸又何如也！

制，皇陵不得動寸土，違者死。律，擅入山陵兆域門者，杖一百。金山之陵自鼎革後，且有守陵内臣一，守冢陵卒二，以祭祀屬之禮部，地畝屬之户部，禁約樹株屬之工部。五十年來，寢地門牆依然如昔，松柏之夾道者垂蔭參天。爾來陵卒雖守，守之以剪伐傾頽也，守之以平地無墳也，此玉律金科之徒有其文也。

景皇帝陵寢，門基在玉泉山第三峰北山根六百七十八跬，小古井西北二百一十三跬。門及牆屋皆毁盡，所存石基、石階耳。頽斷紅牆繚碑亭、享殿、神廚、神庫、宰牲亭、祠祭署、内官房，通爲一周，遭而屬之門，其跡猶隱然在也。門基正南面，向丙，北一百三十七跬景皇帝陵冢。

景皇帝碑亭在門基内五跬，石柱，琉璃黄甋瓦，傘頂，獸吻，飛甍，采椽，重簷四出。正南面樹穹碑，龍首龜趺，大書篆字二，曰「大明」，楷書九字，曰「恭仁康定景皇帝之陵」。碑陰無文字。蓋成化十一年建於門外，嘉靖十五年始移置此者。其制與天壽諸陵不倫也，天壽帝制也，景皇帝陵在帝與王之間也。陵唯碑亭依然也。碑亭北一百二十跬，景皇帝陵冢。

景皇帝享殿門屋三楹，黄瓦，單簷，無門，無棹楔、閥閲、罘罳，不采繪，樸素卑小，勢斜將傾折。門正南面，方位向丙，深十跬，左右夾牆趾，豈兩廡神廚、神庫之基耶？然無可考矣！門北有殿基，瓦礫堆中露石礎，較門之礎倍大，而殿無可考矣。殿後土牆亭亭在也。門北八十跬，景皇帝陵冢。

景皇帝陵冢無寶城，無明樓，無穹碑，不封不樹，土冢隆隆起可二三尺，周三十跬，徑十跬，方位向丙。冢而已也，而稱則陵，天下有陵焉如是者哉？冢外廣輪甚俠，周回皆牆，是爲内牆與殿牆離而爲二。内牆較小，爲初制，非初制，皆無可考也。東西横亘七十跬。北倚山，南面牆虚中，通出入，無門。牆直如弦，東西北牆三面，通長一百九十跬，其圓如弧，不能深廣，因山勢也。冢南距牆十跬，東距牆三十五跬，東牆外二十四跬，有小溝。溝東八十跬，又小溝，皆淺狹而涸，金山四峰水之所流處也。冢西距牆亦三十五跬，西牆外二十跬，金山之西趾。山水穴牆，入自牆中南流，繞碑亭右，又南逕小石橋下東流，合東牆二溝水，東南流入西湖，不雨皆涸，無源也。冢北距牆八十六跬，牆之外金山中峰之麓，無隙地，無平地也。冢南望玉泉山第一峰在巳，第二峰在巽，第三峰在丙，東望紅石山在甲，東南望甕山及小古井在乙，其他無睹也。

帝陵圖説卷之三終

《帝陵圖説》書後

南豐梁質人份著《帝陵圖説》二卷，盖祖顧氏寧人《昌平山水記》而爲之者也。顧詳於形勢，而梁詳於規制。顧旁及山水，而實重諸陵；梁特悉諸陵，而因及陵所麗之山水。嗚呼！彼黍心憂，冬青花折，鼎湖之髯未攀，望帝之魂不返，徒令草莽孤蹤，微行籍記，瓣香勺水，歷弓劍之墟，一跬淚血，一步驚心。嗚呼！先皇帝三百年式憑之天壽山，五六十年來，僅僅一二遺民於摧傷斬伐之餘，撥雉兎芻蕘之跡，或得之樵人指數，或得之野老傳聞，紀成一編，以備逸史，此非有大隱慟於其中者，必不能也。歲甲申冬，質人遊滇，而是書適成，出以眎予，取顧氏《記》共相質證，因歎有顧氏《記》必不可無此《圖説》，猶之有《史記》必不可無《漢書》。而此書斷手之年，又即天壽山結局之歲也，非偶然已。予又觀顧氏仍稱攢宮爲思宗，此當時亂臣如馬、阮輩無所逃其誤國之罪，敢以惡謚蒙大行，雖議曰思，其謚猶未定，夫思乃典午之謚劉禪，煌煌明聖，忍過爲污衊。弘光元年正月李給諫映碧疏争此事，尋改謚「毅宗」矣。質人之言曰：「謚思宗，於烈皇帝何傷？亦祇自絶而已。」善哉言乎！所以教天下萬世之爲人臣子者也。圖凡十五，天壽山至攢宫十四圖，爲二卷。金山圖洎景帝陵爲三卷。虚首卷者，將有事於鍾山孝陵也。

重書《帝陵圖説》後

質人《帝陵圖説》虛其首卷，將有待於孝陵之謁而後成書。余讀顧氏《亭林集》有《孝陵圖詩》，則顧氏蓋先已作圖，惜未之見。其詩詳備典實，余以冠之此編，訂爲全書。獨讓帝之或焚或亡，豈無三尺之幽宫，瘗其玉質乃至迷不可問，雖當日天下且不有，何有於身後之朽骨，然以四載繼文明明之主，無一抔之土安其魄，而終焉餒如，高皇之靈必有慘惻不忍者，而歷世能忍之，此亦後人所淒感不解者也。人有謂高皇遺弓實在今冶城朝天宫，孝陵乃虛營，獨馬后，齊東妄語不足信。又天壽山相地者乃王賢，初，賢扈文皇營長陵時，前有小阜，欲去之，曰：「否則妨嗣。」文皇問：「無後乎？」曰：「多庶耳。」文皇曰：「庶亦可。」遂不去，此見《大政記》。今人則但知有廖均卿也。率錢封攢宫，爲昌平諸生孫繁祉，其父祖壽，以總兵，崇禎二年死沙阿門之難者。庚寅六月曝書，偶抽此卷，見前所書，復記於後。

貴池吴銘道譔

十三陵記上

北平　王源崑繩

天壽山十三陵，曰長陵、曰獻陵、曰景陵、曰裕陵、曰茂陵、曰泰陵、曰康陵、曰永陵、曰昭陵、曰定陵、曰慶陵、曰德陵、曰思陵。昌平州在京師北六十里，天壽又在州北三四里，萬峰環矗，如城，缺其南如門，而層層拱抱。中則平原，廣輪可二十里。東西北三面崇巒疊嶂，綿亘百里不絕，南則近山爲案，遠山如列屏。諸陵俱依山爲域，山各異名。長陵在正北黄土山下，名康家莊。三峰爲障，崇門森偉，儼若垂裳，以臨萬國，㚟㚟然龍翔鳳翥而下，結爲長陵。老君堂水自東北來，西折遶其前，合西北賢張、灰嶺、錐石諸水而南，復折而東，自東山口逶迤出。東稍北二里爲景陵，背黑山，向西南。永陵在陽翠嶺下，舊名十八嶺，亦西南向，去長陵東南二三里。而永陵東北則德陵也，可二里，曰鎖子山潭子峪，向正西，此長陵以東之陵也。其西則獻陵、慶陵、裕陵、茂陵、泰陵，以次而西偏北，皆南向，相去近者里許，遠者二三里。皇山寺嶺，獻陵也。其二嶺，慶陵也。石門山，裕陵也。寶山，茂陵也。史家山，泰陵也。史家山與長陵之山不相屬，蓋特起於西者，然猶在封域中。自此而西隔大澗，山勢盡矣。故康陵轉而南，西負蓮花山，東向，東向自康陵始也。於是昭陵亦東向，定陵亦東向，非形勢使之然哉？定陵在長陵西南，昭陵又在定陵西南，俱二三里，俱在大峪山下。康陵去長陵十餘里，遠在祥子嶺，西嶺遮不見。而昭、定二陵則東與永陵相望，此長陵以西之陵也。初，太祖葬孝陵，在應天。及成祖都北平，遂營長陵。然仁宗猶欲南遷，且即位不一載升遐，山陵未建，故獻陵祔於長陵之右。由是宣宗之景陵、英宗之裕陵、憲宗之茂陵、孝宗之泰陵俱以世祔焉。於戲！二井建於東西麓，成祖豈欲與子孫同一域乎？《周禮》公墓雖有昭穆之制，然文、武、成、康又同域乎？天壽雖靈域，而王氣所鍾，獨長陵耳，次則獻、景二陵耳。二十里間，安得有子孫世世帝王之穴乎？江右梁份謂「裕、茂二陵皆不吉，猶未若康陵、德陵之甚」。康陵，武宗也；德陵，熹宗也，二宗俱無後，當日或出於苟且。若孝宗之葬泰陵，穆宗之葬昭陵，神宗之葬定陵，一則金井明知其有水，一則世宗以爲空淒之地，一則廷臣力爭其不可，乃皆不顧而竟爲之，抑獨何哉！惟永陵世宗自擇，差佳。至於慶陵，形勢雖比獻陵，然景、泰既已營之，廢爲窪，光宗倉猝營葬於此，則其氣洩已久。然見神宗之後，三傳不過二十餘年，而國遂亡，豈非天乎？烈皇帝即位，欲卜山陵，天壽更無可卜，有別營遵化之議，國家多事，遂寢。崇禎十五年，田貴妃薨，葬於小紅門内錦屏山下，東北去昭陵可六里，諸陵俱隔絶不見，形勢無可觀。十七年三月十九日，賊李自成陷京師，帝殉社稷，周皇后從死。賊以梓宮送昌平，吏目趙一桂哭諭士民，士民號呼奔走，斂錢數百貫，啟貴妃墓，合葬帝后於中。順治初，修以爲陵，榜曰「思陵」，制甚狹。梁份曰：「是宜稱攢宮。」或曰，當日欲更修如十二陵制，不果。惜哉！然而陵矣。於戲！陵之不亦可乎。

十三陵記下

王源

先君子自國變，遁播江淮數十年，年八十始北歸，欲徧謁陵，哭拜烈皇，以正丘首，志未遂而歿。歲癸未，源友梁份暨新安黄曰瑚徒步往謁，份爲《圖説》，曰瑚布跬，形勢、規制、遠近、吉凶無不載。又參考《國史》諸陵建立始末，悉正《肅松録》《水東日記》諸書之誤。丙戌二月二十三日，源偕份子文中過昌平。癸丑，雇從擔囊，步登天壽，以卒先君子未遂之志。按梁、黄所記，應自昌平西門外北由白石坊進大紅門，誤聽役夫出東門，由東山口入，已踰碑亭而北，乃復折而南至碑亭，亭高數仞，重簷四出，門四闢，豐碑穹然，金字篆額曰「大明長陵神功聖德碑」。碑文，仁宗皇帝御製也。南望大紅門可一里。東西山勢抄裹，建牆屬之，環顧崢崢嶸嶸，諸陵可見者四五。紅牆、黄瓦、樓殿，金碧耀日，北華表，二里許至櫺星門，石獸、石人左右列，各二十，有四門琉璃牆，半毁。又北二里曰蘆殿坡，坡下平窪，水所經也。過五空橋一，七空橋一，自此而北，尚有二橋，共四五里。至北坡上迤東，始至長陵門，又以役夫誤引向東北景陵路，竟至長陵東，而七空橋、北路俱未經。按陵制有大門，門外有碑亭，有具服殿，有宰牲亭，有神宫監，有祠祭署，門之内左神廚、右神庫。次門曰祾恩門，内有殿曰祾恩殿，即享殿也。嘉靖時始名祾恩，謂祭而受福也。左右有廡，廡前有神帛爐，殿後有陵寢。門内有塞門，塞門後石案，案上五供器。後寶城，城上有樓，曰明樓。如碑亭，丹簷畫棟，翚飛雲表。下有甃道，如城門，其下蓋隧道也。樓之上榜曰某陵，中有碑大書某宗某皇帝之陵。寶城内一大冢如山，多橡子樹。城貼冢起，雉堞環之，冢與城平，或高出城之上，此其規制大畧也。然各有不同。巍峻壯濶，莫如長陵。殿重簷九楹，高可十丈，脩十有一丈，廣倍之，而加以大者三。朱扉、黄屋、藻井、交龍柱。其外丹陛崇高，白石欄三重，丹墀神帛爐二，左右廡各十五楹。殿後有門通陵寢門。寶城高三仞許，周三里。甃道深三四十步，漸高如登山路，窮左右，分析拾級上明樓。樓縱廣十七步，望碑亭可十里，微偏西南，不正向也。諸陵唯永陵殿七楹，石欄二重，餘俱五楹，欄一重而已。永陵兩廡各九楹，餘俱五楹而已。永陵外有重牆、重門，長陵所無。餘即以祾恩門爲門，兩廡即神廚、神庫而已。碑俱無文。亭去門俱百數十步，寶城路由殿中入者，唯景、永二陵同長陵，餘俱從殿外達後入寶城。明樓唯永、定二陵同長陵，餘俱十二三步而已，而諸陵甃道平，有門通於後。冢前别爲牆，琉璃屏，當甃道左右，城折上明樓。而永、定二陵無甃門，直從外掖上，雉堞俱文石，壁亦文石，地、階、阤俱文石玓瓅，磷磷爛爛，冰鏡瑩潔，纖塵不留，長陵莫逮也。故莫麗於永陵，莫樸於獻陵，莫幸於茂陵，莫不幸於康陵、昭陵，莫慘於定陵，而莫痛於思陵。先是，源至長陵東，置行李一老翁門姓家，是日所謁者，長、景、永、德四陵。景陵規制小，德陵尤小，皆地限之也。謁德陵畢，日已没，返宿翁家。翁細請謁陵故，歡然歎息，市村醪共飲，話遺事，至夜分，就土炕而臥。甲寅，晨起，取道長陵具服殿西，謁獻陵，質素無華。殿單簷，明樓牆裂，階圮。仁宗遺命不欲侈也，故景陵因之。殿後不與寶城屬，以長陵有沙尾隔故。寶城別爲垣，慶陵亦然，而華飾過之。噫！裕、茂、泰三陵形勢皆不利也，英宗始革妃嬪殉葬例，孝宗一代聖明之主，俱不得吉壤，何哉！茂陵松柏獨存。自裕陵西，夾道蒼森，過石橋，歷碑亭，至祾恩門，數千株髹髹覠覠，貞寒萋緑。國變時，中官高姓者守陵，力護持之，故無恙。但甕門内冢牆甚低，左右級堦上冢，與諸陵制異。泰陵更不起冢，皆不知何故。而泰之祾恩門毁而復脩者，只一中門，高數尺而已。祥子嶺者，一名黑嶺，最獰惡。茂、泰、康三陵俱受其害，而康陵尤甚。其明樓不知何時毁頹，垣碑斷裂，荒無復諸陵之觀。循祥子嶺而東，摧崣陀隔，水流礅礐中，蹁步過，即錐石之水也，可三里。方轉祥子嶺南回望，諸陵歷歷，而康陵不知所在矣。又二三里至定陵，其規制之大，與永陵同。重牆與永陵同，乃自大門内剷硤潊，潊而遺址繚垣，殘石斷瓦，金光碧彩，雕鏤龍鳳、麒麟、仙靈、異卉，其精其堅更不同也。不能毁者，寶城明樓也。樓全石爲之，無寸木，城石層層，灌以鉄液。豐碑大書「大明神宗顯皇帝之陵」。榜曰「定陵」，荆榛淒然，瓦礫靡然，而明樓巋然，光彩焕然，異哉！諸陵俱設太監一，陵户三，各給地三十五畝，使守門鎖閉，謁者予陵户錢，方啟入。獨定陵不設，芻牧出入無禁，而門外碑亭僅存其垣。若宰牲亭、神宫監，無一椽一瓦之存矣。故莫慘於定陵也。昭陵亦稍存松柏，但祾恩殿、明樓俱毁。陵户云，「己亥年三月五日夜大雨，忽雷震殿，火不可救，雨下如注，庭水深尺餘，而火愈熾，只救兩廡存耳。明樓毁於前，不記何時，碑亦燔裂，字不全。」謁昭陵出，已暮。陵前一小廟有土屋二間，一道士張姓者居之，借寓炊食，已而守陵太監郭姓邀至家宿焉。於是謁者十二陵，未謁者烈皇帝陵耳。乙卯，從昭陵取道西南，至烈皇帝陵，正南向，碑亭甚小，碑有文，極稱帝之憂勤盛德，以臣不忠而致亡國。順治年降臣金之俊奉命撰，不敢誣也。亭後十數步有門，中一大門，東西二小門，東門左一碑，順治年祭文。門壞無鎖，一石倒抵。排之入亭，殿三楹，兩廡各三楹，修僅五步，廣十餘步。簷脊瓦具傾損，庭中蕪穢，無人跡。墀下行禮，潸然。殿内煖閣案供神牌一，書「大明欽天守道敏毅敦儉弘文襄武體仁致孝莊烈愍皇帝」。黄曰瑚云金書，今乃墨書。又至牌後，有帝暨后妃木主三，俱冒以白櫝，今亦無殿。後有陵寢門，門内平地，倣明樓式。建一亭，榜曰「思陵」，中有碑，金書「大明莊烈愍皇帝之陵」。後有五供器，惟石鑪有案，餘置之地。冢高六七尺，甎甃其下，周以垣，兎葵旅麥滿其中，徘徊嗚咽，久之掩袂出。碑亭前有從死太監王承恩墓，東向，有碑，亦順治年立。設有陵户四，不知處。南里許，出小紅門。小紅門者，天壽山西偏之門，與大紅門同一牆也。東南行數里，趨昌平西門，遥過白石坊，望見碑亭、長陵、永陵。益趨而東，則山遮不見矣。聞昔陵樹數十萬株，變後剪伐無遺，犂爲田，獨茂陵如故。他陵不但松柏無存，其不存者多矣。故曰莫幸於茂陵也。丙辰，歸至先人塋次，謹述《記》二篇，稽首以告云。

東陵日記

東陵日記

乙　丑（同治四年）

同治四年九月十六日，入直，都察院直日。午刻起身，申刻住李珠圃家。仁師、子授、樸齋同住。

十七日，卯刻至燕郊。上於午刻至行宮，侍班後行，住白澗帳房。

十八日，上於午刻至行宮，侍班後即行，薊州尖。夜至隆福寺，帳房遲到，張畢已天明矣。

十九日，上於未刻至行宮，戌刻，看視梓宮包里，通夜未睡。帳房移於山下。

二十日，卯刻同子久恭送梓宮，步行二十七里；酉刻奉移隆恩殿，畢已昏黑。住小圈，飯於恕皆處。

二十一日，巳刻行遷奠禮，同子久、曉珊奉梓宮由隆恩殿至蘆殿畢。微雪，仍住小圈。

二十二日，同地山、子久、曉珊、恕皆，辰刻梓宮奉安地宮，天極晴朗，同地山、曉珊、恕皆隧道門口照料，帶校尉等出。午刻行虞祭禮畢，車返至隆福寺帳房，即行。

住白澗之五百户温家永順店。

二十三日，上於申初至行宫，碰頭謝加級恩。賞圓果一桶、蜜棗一瓶、杏脯一瓶、蘋果一瓶。住夏店，去燕郊十二里。

二十四日卯刻，至燕郊，上於午刻至行宫，侍班後行。戌刻，進東便門。

癸　酉（同治十二年）

三月初四日，入直。巳刻徑抵燕郊。行帳支好已更餘，頌閣、用甫同到。

上卯初啓鑾，未刻至行宫。合肥節相、心齋方伯送席。門人李慶葆來。

初六日，子初起身，辰正到營。大車午正到，飲食俱廢。上未初至行宫，侍班。李督、孫方伯、英蕚田皆送席。林遠村方伯來。

初七日，亥初起身，辰正到營。上卯初啓鑾。隆福寺拈香後，行宫階上侍班。賞荸薺一桶，賞克什。榮仲華、成竹坪送席。

初八日，上於普陀山更衣，謁陵後還行宫，侍班。總管送乳餅、蜜餞、福橘，賞克什。

初九日，寅正上詣定陵，行敷土禮、大饗禮。蔭策騎前往，午初至桃花寺行營。上於申初至行宫，侍班。李、孫送席。夜雨。

初十日，丑初起身，巳初到營。上於卯初啓鑾，申初至白澗行宫。大雨，侍班散，門泥皆没踝，從萬馬中蹣跚跋涉而歸。申刻拔帳前行。命長泰至燕郊定住址，胖子至竹坪處。夜行至三河，用、頌二君不知去向矣。

十一日，卯初至燕郊。遍尋客店，長泰等車無一至者，行帳亦未到。齊七爲覓一土屋略坐。鼻因車側碰傷，左臂亦然。與翻車大同小异，而其險更甚。行路狼狽之狀，可笑人也。未刻，上至燕郊行宫，即行。夜，家人不識路，覓一引道者，欲抄近路，誤陷於河。余偕喜兒策馬亂流而渡，門兵蔣日坤糾衆救車騾，僅而得免，真試命一遭也。

《定陵恭紀》：

至尊霜露感，凄惻萬年心。鴻業艱難繼，龍髯歲月深。爐烟香藹藹，陵樹影森森。前席曾宣室，沾襟涕不禁。

《行帳聽雨》：

心灰髩雪兩怱怱，天上尊罏興正濃。廿載江南惟有夢，瀟瀟何處響孤蓬。

乙亥（光緒元年）

九月十八日，辰初穆宗毅皇帝、孝哲毅皇后奉移山陵，於隆福寺暫安處，偕同派出恭送之廣少朋、翁叔平、于蓮舫、崇文山步行送出東直門。酉刻，梓宫奉安烟郊蘆殿。偕蔭軒、蓮舫、叔平、紹朋同住帳房，合肥送席。

十九日，寅初上詣梓宫前，行朝奠禮。卯初行。申刻梓宫奉安白澗蘆殿。省齋送席，香巖協揆送菜。

二十日，寅初上詣梓宫前行朝奠禮，卯刻行。未刻，梓宫安奉桃花寺蘆殿。合肥送席。文山來晤，蘭蓀、蔭軒、蓮舫、少彭、叔平同晚飯。

二十一日，寅刻上詣梓宫前行朝奠禮，卯刻行。午初梓宫安奉隆福寺暫安處。卯刻抵隆福寺，昏黑中覓帳房不得，曉乃得之。

二十二日，寅刻一，几筵前行饗奠禮，禮部奏准禮成回京。蔭暫留一日，奉上諭賞加一級。桑百齋、子授、合肥、用甫來。

二十三日，辰刻，具摺謝恩。上詣惠陵。宫門外碰頭，即起程。薊州尖。申刻宿段家嶺。

二十四日，夏店尖，遇鶴師。抵通州，再渡河。宿通達店，所居蕪穢，近厠室，無窗紙，賣飯食之。

《恭送穆宗毅皇帝孝哲毅皇后安奉隆福寺暫安處恭紀》：

丁年侍宴玉皇家，親見真龍馭絳霞。自運樞機平禍亂，更通琛贐達幽遐。重華雲斷蒼梧野，九月霜凄白柰花。廿載再逢真不幸，侍臣和泪入風沙。

咸豐丁巳六月，侍文宗顯皇帝宴同樂園，命穆宗毅皇帝出見侍宴諸臣，臣蔭得瞻仰天顏。自是，每歲皆得見，惟辛酉在熱河，臣未獲扈從，蓋臣蔭之入直廿年矣。

二十五日，卯刻起身，巳刻到京。

丙子（光緒二年）

光緒二年　月　日，派崇厚、潘祖蔭承修工程。

十月二十五日，請訓。

二十六日，巳刻啓行，未初尖柵欄店，酉正住夏店。隨帶桂斌、剛毅、慕芝田、李穟、崇恩、吴重憙。

二十七日，寅刻啓行，尖段家嶺，住薊州。

二十八日，寅刻啓行，尖馬伸橋，住馬蘭峪真武廟後小亭，醇邸所建，顔曰「簡園」、曰「守默庵」、曰「小蘧廬」。詣景總鎮瑞，時在裕陵小圈、橚貝子、芸公、木廠和順、天聚、恒順、德盛。羽士號岫亭，以聯書贈。屋内有劉文正對、煦齋詩幅。隨員來者，惟仲飴一人。辰刻，過隆福寺，叩謁穆宗毅皇帝梓宫。摘纓緯，青長袍褂。

二十九日，寅初啓行，寅正到陵，設鋪墊。孝東陵神廚庫、后土行禮。景陵燎爐二座、慤惠皇貴妃園寢燎爐二座、裕陵朝房、榮親王配殿、禮部鼓樓收工。原估者何地山、續估者宜春寓。禮畢即行。巳正，抵濠門尖。昏黑中，繞行陵中，終夜也。宿薊州。

《途中遇雪》：

兩陵匝月輪蹄遍，十度田盤未一登。風雪漫天吾未倦，更思攬勝十三陵。

三島賜游叨异數，六花志喜和宸篇。追思同樂園中景，不見文皇十六年。

寒巖枯木無暖氣，野店荒村猶熟眠。敢怨崎嶇塡未遍，願爲蔀屋祝豐年。

山輿我正衝寒至，海舶人曾觸暑行。暑往寒來緣底事？黄粱一醒自分明。

三十日，卯刻啓行，巳正尖段家嶺，申正住馬起乏。

《叩謁穆宗暫安處恭紀》：

兩載光陰迅，寒雲輦路深。山容餘悄悄，樹色亦沈沈。落日蒼梧野，凄風白柰吟。緬惟知遇感，掩袂泪沾襟。

十一月初一日，卯正啓行，尖栅欄店，已近午初矣。

初三日，辦安摺三分，由刑部片文交禮部筆帖式葆成，是月派出。

穆宗毅皇帝二周年禮：

宗人府：鄭王、惠王、治貝勒、澂貝勒。

吏部：寶鋆、沈桂芬、載齡、崇禮、靈桂、潘祖蔭、賀壽慈、紹祺、成林、阿昌阿、銓林、徐樹銘、毓清、夏家鎬、榮禄、寶森、徐致祥、崑岡、周瑞清、愛廉、恒明、張家驤、閆信芳。

兵部：照公、八額駙。

二十八日，在内，詢吴江協揆，云不請訓。初八日，遞安摺，穿行衣云。

十二月初一日，寅正啓行，巳正食栅欄店，申初住燕郊。店俱滿，住三義館櫃房。

《出都贈張子騰》：

此行得共玉堂仙，日淡風高雪後天。原隰駪征今幾度，橋山龍化未多年。離宫縹緲懷前夢，炊屋蒼茫見晚烟。策馬行行村市散，濁醪且與話樽前。

初二日，卯初啓行，巳正尖段家嶺，申初住薊州。

初三日，卯正啓行，辰正食馬伸橋，午正抵夏家林工部辦公下處。

《途中口占》：

山色撩人豁遠眸，王程期近敢淹留。平生憾事曾無幾，十度盤山未一游。

蹩躠行來薄笨車，問君何事不歸歟？霜林亦與人情似，一度相逢一度疏。

初四日，住夏家林。

《題壁》：

我來原不爲看山，亦是浮生半日閑。回首玉遮歸未得，暫時塵慮幾分删。

兩番遇雪全無雪，一臘非春却似春。草屋向陽渾不冷，須知客是日邊人。

吴生字似郭忠恕，沈子書宗褉鈲亭。棣萼軒中詩自好，惜無一幢繪丹青。

詩中有畫偏無畫，屋裏看山不厭山。愧我蕭然無一事，閑來吟眺欲忘還。

征車却共季鷹來，排闥青山面面開。宿火紅爐温到曉，昨宵夢穩嶺雲隈。

居然三宿等空桑，指拭緇塵解客裝。滿壁琳琅詞翰美，風流端屬水曹郎。

初五日，卯刻穆宗毅皇帝几筵前行二周年禮，即行，午初食薊州之五里橋，申初宿段家嶺。壽蘅來。

《穆宗毅皇帝二周年行禮恭紀》：

寒殿深沉聳翠微，千官如墨拜瑶扉。何期鳳律才重换，無復龍旂護六飛。北極朝廷光復旦，東朝歲月報春暉。傷心扈輦長楊日，春雨秋風兩度歸。

《薊州懷王竹舫》：

畿輔詩人王竹舫，十年未見思悠悠。年年蹋遍漁陽道，每望田盤憶海秋。

初六日，卯正啓行，巳正食夏店，申初抵通州，住蓮舫署中。蓮舫爲假清作庵居之。

《通州作》：

一年幾度潞河行，殘雪西山未肯晴。一笑敝車何偃蹇，看人飛騎入重城。

初七日，卯初行，將近東便門，遇蓮舫略談。午初抵寓。

丁丑（光緒三年）

三月二十日，請訓。

景陵慤惠皇貴妃園寢東明樓一座揭宽，端慧皇太子園寢神廚庫北庫一座三間揭宽，昭西陵禮部油面房五間揭宽，孝陵禮部金銀器皿庫三間揭宽。隨帶剛毅、崇恩、吴重憙。

二十二日，卯初行，巳正抵通州，看八妹，同偉如住白馬關帝廟。州牧高秉衢送席，璧。

《别偉如》：

緑波春水黯消魂，今夜尊前剪燭論。君向湖湘開幕府，我來通潞值輶軒。雲山渺渺愁雷岸，烟樹荒荒冷薊門。馬首欲東明日計，异時魚雁望源源。

二十三日，卯初行，午正食棗林，未初宿邦均萬和汪店。

《即事》：

萬事無如春夢好，一生惟覺晚晴佳。摩挲石拓偕金拓，消遣詩懷更酒懷。

倦後行輿如卧榻，静中村店即山齋。晴漚若果忘機久，笑解天弢處處皆。
信天行去即通途，喜怒從來聽衆狙。新鄭晚書精拙淡，江東舊唤詅痴符。
漆屏醉草盧仝句，蒼石天成米芾圖。此是參同真秘訣，何妨五柳畫葫蘆。
盡拓紗窗面面通，斯行日日有東風。征程祇怕春泥滑，吹散浮雲日正中。

二十四日，寅初啓行，辰正尖濠門，午正抵隆福寺穆宗暫安處，行禮，偕蔭軒，濠門遇之也。進西峰口大紅門，恭謁昭西陵各陵，偕蔭軒。未初一刻抵真武廟宿。工頭馬、高備一魚、一飯、一粥，餘俱却之。

《途中雜詠》：

缺月疏林挂淺黄，馬頭滚滚逐塵忙。從來曉日無真色，幻出雲霞爾許光。
桃李山山爛漫枝，春光到我故遲遲。禪心已是龐居士，又却無人買罩籬。沿途買飯懸罩籬。
紛敷紅紫眼麻茶，蝶鬧蜂喧莫浪誇。亦有園林歸不得，看人評泊擔頭花。
一春雨足塵都净，百里路遥日正暄。絶好朝陵回畫本，不如付與趙王孫。

二十五日，沈陰，終日不食。遣人至各處。仲飴午後至夏家林，明日子園寢開工也。

《和詒晉齋韻》：

山城一望迷，雉堞過雲低。對此濛濛影，深愁滑滑泥。風狂兼雨横，春冷似秋淒。盼得晴光好，楊花逐馬蹄。

《和煦齋韵示子良惠廷仲飴》：

四子偕行役，三春寓此間。去冬曾阻雪，今日又看山。雨過晴尤好，忙中病轉閒。山光兼樹影，何處覓荆關。

炊烟幾萬户，都在有無間。染得花青樹，迷將豆緑山。衝泥行子倦，煎藥短僮閒。檐雀啁啾語，如聞樂意關。

百八蒲牢吼，聲聲到枕間。不眠醒永夜，當户失遥山。林濕禽争語，車停馬亦閒。明朝風日好，去去出東關。

二十六日，寅正起，愍惠皇貴妃園寢卯刻開工，即行，出西峰口，過隆福寺、濠門，巳刻食薊州永豐店。薊州至段家嶺四十五里，午初行，未正到，仍住大生李家店。

《懷偉如》：

我自東歸君已行，獨居旅館正殘更。回思三十年來事，幾度瀟瀟夜雨聲。

《東陵歸冒雨投通州旅店作》：

扈蹕昔年三遇雨，於今龍去已三年。小臣前席承恩渥，今夕追思夜不眠。

二十七日寅初行，卯正食夏店、王家店，辰正行，未初住西大街油市永茂店。

《遇雨》：

竟日廉纖雨，居然下尺深。頓忘行子苦，庶慰老農心。隴麥青如錦，堤楊緑有陰。所期歌既足，慎勿作霪霖。

頻年灾歉遍，妖疫又兼參。目擊流亡苦，心期稼穡甘。遠人勞撫字，天意重濡涵。傳語儒冠者，齊民術要諳。

二十八日，寅刻行，午初始至齊化門，可想見其遲滯矣。

戊　寅（光緒四年）

三月十八日，具摺銷假，并請訓，前往東陵收工。孝東陵神廚庫，景陵慤惠皇貴妃園寢東明樓一座，端慧皇太子園寢神廚庫一座三間，昭西陵禮部油面房一座五間，孝陵禮部金銀器皿庫五間，庫圍墻一段長二丈，裕陵禮部器皿庫一座三間。

二十日，卯刻行，巳刻栅欄店西人和尖。未刻宿烟郊。沿途泥潦甚多，雨後始有人耕矣。

二十一日，寅初起身，辰初尖棗林德元李店，申刻宿薊州順和店。

二十二日，寅刻起身，卯正食濠門，辰初進龍門口子門至惠陵小圈。隨帶崇、吴。

二十三日，寅刻至孝東陵神廚庫等處收工，辰初至隆福寺，巳刻尖濠門，申初宿段家嶺。

《穆宗毅皇帝暫安處叩謁恭紀》：

聖節長春尚儼然，夢中廣樂憶鈞天。珍瓷法錦頒天府，玉膳瓊酥拜御筵。百戲魚龍呈曼衍，兩行鵷鷺肅班聯。凄凉白髮貞元士，泪灑蒼梧已四年。

《咏轎車》：

風日能遮雨不妨，人間何處不康莊。□躬三宿疑桑下，坐息雙跏似筍將。砅水不須船就岸，下坡要記馬收韁。考工若喻奇肱法，造父何勞御穆王。

二十四日，丑刻行，卯正尖夏店，午正雙橋茶憩，申初進東便門。

《雙橋》：

雙橋柳色淡於烟，彈指光陰十一年。風景不殊吾老矣，楊花吹亂暮春天。同治四年赴沈陽，曾尖此。

己　卯（光緒五年）

三月初五日，請訓。頭班司員二十名，夫役一百六名，約初九日取齊。

初七日，卯刻行，午刻抵通州。見八妹、李問樵丈，即寓其西院。

初八日，丑刻起，問翁出送，寅刻行，午正尖段家嶺，酉初抵薊州，借裕勝店暫住一宿，候文秋瀛至。戌初猶未至，想因一路查道也。

初九日卯刻行，辰初尖濠門，巳正由馬伸橋至隆福寺，叩謁穆宗暫安處，午正抵惠陵大圈。吴、沈、潘、承四位來見。秋瀛仍未至，聞昨住邦均。

初十日，英奎、繼昌等七人來。秋瀛、王賡祺來。未刻同秋瀛至惠陵，演龍輴車一次，計四刻。申初歸。

十一日，辰正演大昇輿，自陵門三孔橋至大紅門止。辰正演起，至大紅門止四里强，六刻；巳刻演起，至碑樓前止，五刻，一往返也。午初歸寓。

十二日，辰初總辦諸君來，自大紅門演大昇輿，自隆福寺暫安處。時正午，大風甚冷。未初于坡上演小昇輿樣匣。計兩時，合昨計二時六刻。

十三日，未初至陵演龍輴車。景總鎮來，演小昇輿，一刻許，演龍輴車，三刻許，演畢，俟出鉛乃散。恒順木廠送信：十一日奉上諭，補授工部尚書，欽此。

十四日，未正演龍輴車。

十五日，寅刻行，奎俊等十八位來見。漁陽道上遇少荃相，略談。巳初食薊州，未正住段家嶺天元店。濠門道中，又遇德静山。連日甚爲公務拘苦，幾無片刻自在，今日雖村居荒凉，較舒服矣。

總辦聯綬、奎俊、吴重憙、鄭錫畋、潘駿猷、沈守廉。

龍輴車承恩、繼昌、松壽、朱其煊。

夾槓韓蔭棣、文海、英奎、韞德。

執燈韓英文、惠裕。

執壁子志彭、元麟、重慧、惠良。

十六日，丑初行，因御道不准車行，展轉繞道。卯刻始到棗林，辰初食烟郊，午正過雙橋，申初進便門。孔醉棠到京。

十七日，工部筆帖式來看摺，明日復命并謝恩。

二十日，入直朝房，遇全師、董丈。寅正起兒下，即行。未正到營，秋瀛、頌閣約同住。進内即還營，晤佩相、經相、叔平。秋坪。耕娱、燮臣、頌閣、王寶來。

二十一日夜，風冷不得睡，丑刻起。上未正到行宫，皇太后申初到行宫，皆侍班。酉正到白澗。

二十二日，上午正到行宫，皇太后未正到行宫，即行。抵濠門宿焉，秋頌同飯。賞葡萄。

二十三日，寅正行，卯初到隆福寺。上於寅正啓鑾，午刻到行宫。皇太后午刻到行宫。未刻上至几筵前，王大臣等隨同行禮。申刻偕恭理王大臣等、工部六人，率同司員，偕内務府大臣及司員進包裹。三刻畢事，未及酉正也。周福陔、景月汀、朱敏生、錫襲卿、啓穎之來。賞克什。

二十四日，丑刻即起，行啓奠禮。内廷皆在門内，旋即加楨，暫安處坡上，請上大昇輿。辰正行，步送廿四里，深感舊恩，不勝悲痛。未初梓宫到惠陵，換小昇輿，安奉隆恩殿，未初竣事，即出，仍住小圈。猶憶同治四年九月二十日，恭辦定陵奉移，臣偕恒祺，臣獨步行廿七里，卯刻行，酉刻到，事畢已昏黑矣。

二十五日，未刻行遷奠禮。梓宫由隆恩殿恭請至，候時蘆殿計五刻。辰刻進内，申正二歸。賞克什。

二十六日，卯初二奉安地宫，計五刻。卯正畢，行虞祭禮，入隆恩門西門。黄輿過，上跪，衆皆跪。在門，辰正行，午刻食隆福寺，申正尖薊州西關，酉刻抵白澗。

《穆宗毅皇帝孝哲毅皇后奉安恭紀》：

定陵抔土幾時乾？又見先皇此奉安。侍從舊臣今白髮，墨華和泪落毫端。此二次心傷，無詩。以二十八字紀之而已。

二十七日筆帖式慶昌、郎中耆紳來，奉上諭，著加恩賞加太子少保銜，欽此。具摺謝恩。又工部公摺，又南齋公摺。

上於未刻到白澗，皇太后申初到行宫。

上詣黄幄，來回侍班。申初行，戌刻到雙井，寓門人于鑒堂小寓。三河令張銘來。

二十八日，卯初行，二里至烟郊。

上於午正到行宫，皇太后於未刻到行宫。未正行。上詣黄幄，來回侍班。申初抵通州沙子胡同。李珠圃來，陪八妹已進城矣。鶴師送黄花魚。文沛等呈閲代奏謝恩摺底。

二十九日，寅正起，卯初行，巳刻進東便門，抵寓。明日，上寅正回鑾。

丙戌（光緒十二年）

二月十六日，寅正入直，辰初先散，自寓起身。午初栅欄店轎夫尖，未刻到燕郊。斗南同住。隨帶瑞隆、倫五常。彦秀、惠霖、德陞俱來。南書房太監來。

二十七日，上卯正起鑾，未初到行宫，皇太后未刻到行宫，皆侍班。

二十八日，上午刻到行宫，皇太后未正到行宫，皆侍班。申初行，戌初到桃花寺。

二十九日，上午初到行宮，皇太后未刻到行宮，即行。申正到隆福寺，連日門帳均遇樹南、少希、壽蘅、仲山、燕甫、惲次遠、長樂初、趙粹甫、裕壽田、錢馨伯。

三月初一日，上卯初啓鑾，辰正到行宮，皇太后巳正一到行宮。賞南書房蒲桃一簍，賞克什。

初二日，寅初到定東陵。上巳初行大饗禮，朝服。巳正禮畢，返隆福寺。上於酉初還宮，皇太后于酉刻還宮。

初三日，入直，門帳聽事後，即行。辰刻抵桃花寺，冷可穿裘，午熱不可當，一棉已足。山中氣候以陰晴爲冷暖耳。

初四日，辰初上門。上卯初啓鑾，辰初到。皇太后巳刻到，不候起兒，即行。未初到白澗。昨到桃花寺後，了無一事，亦無人可談。翻閱《古泉滙》竟日，乃知竹朋之陋，然已不易得。其所釋「桃」字、「韓」字俱是「乘」字，釋「梁」字，則余所釋也。至「充」「兖」則與壽陰小布之「壽」字同。「小布」「鏟布」俱是地名，斷無間文，以是知安臧文貨□□之非。未正大雨。

初五日，上巳正刻、皇太后未刻到白澗行宮，即行，住夏店。賞南書房醬萵苣筍一瓶，醬茄一瓶，彩蛋半桶。

初六日，上卯初啓鑾，午正到烟郊行宮。皇太后申初到行宮，侍班後行。酉初進東關，抵通州李宅，晤八妹、外甥及老六。

初七日，丑刻行，雨不止，巳刻始到寓。

十一月十二日，請訓。同行司員松壽、倫五常、徵厚、梁有常。昭西陵神廚東庫一座五間，景陵皇貴妃園寢西配殿五間，定陵東西朝房二座十間，端憫公主園寢西朝房一座三間。同派敬子齋禮侍。

十三日，辰初行，午初食栅欄店，申正宿夏店，計八十里。渡箭桿河半時許，草橋未成也。住大興店。

十四日，寅初啓行，辰正尖段家嶺，即行，四十五里邦均。未正三刻抵濠門，廿五里。沿途潰潦甚多。住鄧萬和店。

《途中口占》：

今年兩度桃花寺，無數群山亦有村。路遠忽逢樵子問，順風相送到濠門。

十五日，卯刻行，辰初過隆福寺，巳正到真武廟，拜承辦事務衙門載遷、榮毓；至馬蘭鎮，拜英介臣總鎮廉。

十六日，寅刻昭西陵大紅門外謁陵，行裝膝地。昭西陵神廚等處收工。出西峰口，辰刻尖濠門。午初過薊州，未初過邦均，遇叔平於白澗之東，立談片刻，住段家嶺。
十七日，寅正起身，辰刻尖夏店。未刻抵通州，寓天井胡同李宅，晤八妹、菊人、子淼。
十八日，寅初起身，巳正一入城。

庚寅（光緒十六年）

閏二月，派出隨扈，同李芍農官少詹。
十四日，皇太后寅正啓鑾，上卯正啓鑾。先一日，臣蔭於辰正祀先，清明節也。辰正行，柵欄店尖。許仲韜、郝近垣、張璞君、工部鐵良、許祐身、世善來。未刻到燕郊，往拜星叔、子青、叔平、萊山、小山。申正芍農到，至其帳房，方在補鈔閩人詮刻本《舊唐書》。南書房太監來。
十五日，皇太后寅刻起鑾，上卯刻起鑾。蔭寅刻起，賞克什。門人沈寶善來。叔平來，隨帶筆政聯芳、惠霖、德陞。陳鶴雲、高星槎、江蘭生來。
上未初到行宫，侍班。皇太后申初到，跪迎，即行。戌正到白澗，芍農亦到第七段。張上龢道旁見，下輿揖之。
十六日，上卯初起鑾，皇太后卯正起鑾。晨答仲韜、郝近垣、仲華。遇楊宗濂。蘭蓀來。

上午正到行宮，皇太后未刻到。賞克什。申刻同芍農食薊州。酉初行，借宿民家。

十七日，丑正行。上午正到行宮，皇太后申正到行宮。賞南書房蒲桃一簍。行帳在坡上。葉提督志超、通永鎮吴育仁來。楊蓺芳、裕壽泉來。

十八日，丑刻起，衣冠帳中坐，筆政候起兒。李相、仲華、芝庵、叔平、蘭蓀來。仲華送羅卜英、花椒葉等，仲韜送黃花魚。

十九日，上寅正、皇太后卯正謁陵。上未初、皇太后酉正到行宮，請安後行。賞克什。戌正抵桃花寺。

《途中口占》：

白髮淒涼老翰林，卌年孤負受知深。西飛白日忙於我，忍事全灰一寸心。

二十日，上卯初啓鑾，辰正到行宮。皇太后午刻到行宮。沿途送席者日止之不得，從未沾唇。非嫌其不佳，余素薄滋味，并非矯情，而日廢萬錢，幸有隨員分餉，否則真暴殄矣。此皆民膏血也，州縣曰賠曰墊，而民脂民膏竭矣。身膺司牧，敢云不知？

二十一日，上辰正、皇太后未初到白澗行宮，磕頭謝。賞克什。即行，酉正住夏店。

二十二日，上卯初、皇太后卯正行。臣寅正起身，廿里至燕郊。

上巳正、皇太后未正到行宫，即行。申正駐通州，寓關帝廟。

《途中作》：

清明不見雨濛濛，但見塵飛滚滚紅。千樹桃花千樹柳，一齊得意待春風。

二十三日寅刻行，辰正抵寓。

西陵日记

西陵日記

丁卯（同治六年）

同治六年十月初六日，具摺請訓。

初十日，卯刻行，午刻食長新店，申刻住竇店。

十一日，寅刻行，辰刻食涿州，申刻住淶水。衍東之年丈差弁接。

十二日，寅刻行，辰刻食易州，申初至半壁店。謁陵後途遇東丈，又至大圈，拜溝舲師。工部友人爲定［陵］小圈房總辦。豐盛額、啟莊、伊鑑額、王思沂、韓宗源、蔣嘉棟來。

十三日，筆帖式志全來見，即房主人。屋四面皆山，小有花木，頗得山林之趣。未刻至慕東陵，演奉安事宜。

十四日，奕公、裕公來，至醇邸、鍾邸、孚邸處投刺。午刻至陵，進包裹後復演一次。

十五日，丑刻進加槓，寅正奉安莊順皇貴妃，卯刻禮成，即行。申初至淶水，答東耘留住署内。

十六日，卯刻行，東耘送帽沿等，却之。巳初尖涿州，申刻住良鄉。

十七日，卯初行，巳初進彰儀門。賞燕窩。

丙　子（光緒二年）

光緒二年八月十八日，奉命西陵查勘泰陵聖德神功碑樓、正紅門，又各陵辦供庫房。隨帶聯、額、吴。午初長新店，申初竇店。

十九日，寅刻行，午初涿州，申初淶水，店在西市梢頭，曰三義。

二十一日卯初行，未刻半壁店。

《示少甫玉山仲飴》：

真境由來寫最難，昔賢兩語費吟安。平時暑月宫衣重，一夕邊風塞草寒。稼穡登場農事薄，烟嵐經眼畫圖看。考工有記憑誰讀，廊廡居然近魯般。

二十一日，寅刻祗謁山陵，行裝行禮，查勘正紅門及泰陵碑樓。又至慕東陵、慕陵、昌西陵和裕皇貴妃園寢、昌陵、泰東陵皇貴妃園寢、泰陵，查勘各圈辦供庫房情形。午初返，申刻行，住易州。

二十二日，寅刻行，巳初淶水，未正涿州。

二十三日，寅正行，巳初實店，未刻長新店。

二十四日，四十里至彰儀門。

《樂毅墓》

落日荒荒土一邱，我來望古值深秋。若非高節由王蠋，安得奇兵出火牛。下七十城惟有子，傳三千載信無儔。衹應一事猶輸管，勝有遺書宋槧留。

十一月十四日，派查勘東西陵工程。

十八日，請訓，隨帶額、吳。

十九日，辰初行，午正長新店，申初實店。

《大鬟山賦霍原》

廣陽山下隱居處，千古猶懸大小鬟。漫説門徒當日盛，豆田惆悵霍休明。

《扉上有佩卿題詩》

如何人面桃花地，獨自含毫嘆苦辛。一樣衝風兼冒雪，碧紗籠句□何人？

《東玉山仲飴》

岐途路易訛，榛莽蹋冰過。西出飛狐口，東流拒馬河。此時倦行李，當日枕雕戈。

一卷《考工記》，經營意若何？

《途中口占》：

易水蕭蕭往復還，玉樓銀海路漫漫。誰家貂帳紅爐暖，幾處龍沙鐵甲寒。兩度山河如玉合，雙輪日月遞金丸。若非風雪長途去，眼界何從得縱觀？

易水歸來秋九月，仲冬又復賦遄征。敢云五雉司工正，那有雙騶縱騎兵。微火難噓村店暖，輕裝詎比使車行？簡書銜命安吾分，冰雪前頭證素盟。

《憶濱石》：

□陵曾記甲寅年，笳鼓瓜洲一渡船。今日雲萍何處是？范陽道上雪漫天。

又：

此地今年已再過，石梁圮矣水無波。樹猶似此凋疏早，路亦如吾坎廩多。但使綏豐歌畎畝，不妨蕭瑟動關河。風霜雨雪都經過，何處人生安樂窩？

二十日，卯初行，尖涿州，申初住淶水。街北古廟有皇統六年石幢，上作梵字四周。

二十一日，卯正行，尖易州，未正住半壁店。

《和佩卿壁間韻》：

大雪滿天地，今年三度行。平看千嶂没，不使一塵生。酒豈禁寒力，詩能遣俗情。

五雲知不遠，指顧早登程。

壁上珠璣字，遲君十日行。書工松雪叟，詩妙玉溪生。何意馳驅境，偏饒唱和情。歸來應一笑，相與話征程。

《口占》：

奇峰群玉山頭見，妙境清涼國裏開。好手惜無洪谷子，彈弓着粉寫將來。

二十二日，子正起，卯刻行。偕額、吴二君遍至昌西陵、昌陵、泰東陵、泰陵、慕東陵、慕陵，查勘歲修另案、專案各工。午正行，未正住易州。

二十三日，卯初行，尖淶水。

二十四日，卯初行，食竇店，未正宿長新店。

《松林店題壁》：

朝暮寒温迴不同，雪泥風絮任西東。年來好景分明記，都在車塵馬足中。

二十五日，寅刻行，辰刻進彰儀門，知派出隆福寺，行二周年禮詳《東陵日記》。

二十六日，函致德錦融，探其到京與否，以待同日復命也。額、吴來商摺，擬廿八復命。

丁丑（光緒三年）

五月初六日，續估西陵工程，請訓。隨員額、吴。

初八日，寅正行，辰初長新店，午正竇店。

初九日，丑正行，辰正松林店，午正淶水西關。

《途中作》：

避熱何妨夜半行，長橋已過看天明。轎窗偶有清風至，静聽千林百鳥聲。

赤日行空路正睒，黄蒸麥穗綻於花。晚投村店心閒甚，自啓行囊細品茶。

初十日，寅初行，辰初食易州。巳初到華陀廟。

十一日，丑初起身，同聯、額、吴赴泰陵、慕陵、慕東陵。卯初事畢，宿三元店。

《淶水沽酒甚美》：

沽酒一具理，何須安定全。薰風來習習，我醉已陶然。

《口占》：

通州遇雨，易州遇風。無冬無夏，自西自東。

十二日，丑初行，卯正涿州，午初竇店。

十三日，丑初行，寅正食長新店，辰刻進彰儀門。

十四日，額、吴送看摺底，夜雨。

戊寅（光緒四年）

八月十一日，内閣奉上諭：溥豐等奏查明緊要工程請派大臣查勘一摺，慕陵隆恩殿暨内務府營房等處，均有沈垂坍塌情形，著派潘祖蔭將修理工程敬謹查勘，奏明辦理。欽此。

專案、另案驗收各工：專案修理光緒二年查泰陵大碑樓一座，揭瓦。又專案二年查方城一座，拆砌：蹉踏一座，拆砌。又另案查二年泰陵月牙城前甬路一道，挑漫；東西馬路蹉踏二座，拆修；方城上東北角石溝嘴，换安；方城兩邊東：西角門下内外蹉踏四座，拆修；隆恩門一座五間，後坡揭瓦；慕陵隆恩門一座五間，油飾；慕東陵隆恩門一座，油飾。續估三年查泰陵大碑樓拆换柱木、石料。又續估三年查泰陵隆恩門一座，揭瓦前坡。

二十三日假滿，請安并請訓，神武門跪安。

二十四日卯刻行，隨帶少甫、仲飴、益菊農，尖長新，未刻住竇店。

《口占》：

非爲看山去，真來觸暑游。雲横疑作雨，日午不知秋。滑滑深泥涉，陰陰萬木稠。莫言行路苦，禾黍喜豐收。

《示仲飴》：

史□尊彝出壽張，世家系本兩難詳。古城器倘容編録，博古王兼集古王。

病起頹唐怕構思，却如枯繭不成絲。山光樹色都如許，報道先生懶作詩。

二十五日，寅初行，辰初尖涿州，未刻宿榮生店。

《口占》：

秋暑蟬聲處處頻，棗如紫玉菜如菌。年來最憶長蘅句，蕎麥花開白似銀。

昔聞此地酒淶雪，幾度覓之無此名。聯以村醪當一醉，猶勝名士竟虚聲。

二十六日，寅刻行，辰初尖易州，巳正過梁各莊，晤秋皋，午正住魯般廟。

《贈秋皋》：

詞館文章重，戎韜武略宣。詩書深郤縠，雅對屬虞延。頗牧資中禁，燕雲控九邊。風流看緩帶，髯也本如仙。

昔共雲亭誼，今來易水游。司工慚五雉，引路遣雙騶。風雨重陽節，農桑萬里秋。翹瞻松柏路，齋祓謁珠邱。

二十七日，卯初至泰陵、慕陵、慕東陵收工，并查勘慕陵隆恩殿工程。巳初行，午抵易州。店對門白塔寺内有宣和石幢一。

二十八日，寅刻行，辰刻尖淶水，未刻松林店。

《愁澇》：

元氣經年渾未復，眼前農事可憐生。會看禾稼三秋熟，何意愁霖四夜傾。人冀逢年償力穡，我慚刻日誤公程。皇天若憫斯民疾，急勅西風早放晴。

《旅館苦雨》：

陸無輴更水無舟，閉置帷中任泳遊。西域賈胡留馬援，南華秋水讀莊周。巷無車馬三朝雨，予有衣裳一襲裘。比似催租敗詩興，不知邠老苦吟否。

二十九日，卯正行，巳刻尖涿州，未正竇店宿。

鬱鬱沈陰不肯開，秋霖三日恐爲灾。如繩檐溜無休歇，盼煞西風頃刻來。

九月初一日，泥途難行，用轎夫四班，巳初長新店尖，申刻進彰儀門。

十一月二十五日，祁世長奏請：「慕陵隆恩殿天花板吊挂支條之帽兒梁糟朽情形，其鑽金柱内三間情形相似，請飭覆加勘核。」

二十六日，請訓。

二十七日，辰初行，巳刻尖長新店，未刻住竇店。

《大雪》：

考工銜命記深秋，短堠長亭古易州。今日分明泥印爪，滿天風雪過雲溝。

又：

直疑身是畫中行，到此能無滌俗情？古道瘦駝寒有迹，空庭乾鵲噤無聲。四周林木銀裝就，萬里山河玉合成。三度行陵三遇雪，惜無妙手寫關荆。

《贈春畲丈》：

飛絮漫天出鳳城，相逢旅舍喜班荆。工司五雉追隨久，堂集三鱣譽望清。棘院昔曾偕永叔，筍輿何幸見泉明。君家南仲真堪羡，拓古寒窗趁好晴。

二十八日，卯刻行，巳刻尖涿州。未刻住淶水。買重唇魚，二百六十文一尾。

《賦重唇魚》：

却從比目穿睛外，獨以重唇舊得名。見《志》。味外味宜充入饌，時乎時適值調羹。冬至前三日魚始上，斯行適遇之。亦知魚藻恩原厚，其奈鱸蒓思易生。飛絮漫天長至日，攜將淶酒一題評。

二十九日，寅初起，辰初尖易州，巳正到魯般廟。

三十日，卯刻謁陵，至慕陵勘估畢，行，未初抵淶水。

十二月初一日寅刻行，巳刻抵涿州，午正抵竇店。

《題壁》：

前夕風狂如虎吼，今朝晴暖一塵無。世間萬事皆如此，吾意無端憶五湖。

初二日，寅初行，辰刻尖長新店，午正進彰儀門。

庚辰（光緒六年）

四月初五日，請訓。慕陵隆恩殿天花板帽兒梁錢湘吟、祁子禾工竣事，於二十七日收工復命，蔭原估也。隨帶聯少甫、益菊農。

初六日，卯初行，巳初尖長新店，午正住竇店。

《過弘恩寺》：

王郎卜者太紛紛，鈎黨東林齒自焚。王鐸罪真浮馬阮，謝陞死竟類嬰蚡。似聞汀驛逃隆武，誰道滇雲隱建文。未必石渠真信史，半朝鑾駕有遺聞。

《失題》：

黄巢雪竇原疑幻，重進雕青或未誣。堪笑九宫山下事，貌他蝎鼻作浮圖。

贊皇亦感於陵意，和仲遍奇章援文。未必鍾王真李郃，要知賈董即劉蕡。

絶學熙朝冠古今，前江後戴抉經心。著書不慎供懷挾，謬種人人購《典林》。

莫忘師事東原日，尺牘如何斥曉嵐。底事植之《商兑》學，却將八比引陶庵。

巨眼斷推凌次仲，博聞惟有俞理初。古今成敗都參透，龔定庵文總不如。

初七日，寅初行，辰正涿州尖，午正抵淶水榮陞店。

《戊寅題壁〈重脣魚〉詩已無有矣次前韵》

敢薄蟲魚矜磊落，紗籠無復舊題名。問奇那入侯鯖録，擅美何如骨董羹。早歲穢曆叨供奉，頻年蔬素□門生。却思□敦徵邾莒，欲覓延陵古器評。

初八日，寅正行，辰正尖易州。至梁各莊，拜秋皋總鎮。

《庭中紫芍藥甚盛》：

萬山蒼翠勢瀠回，麥隴青青待雨來。户外一叢圍紫玉，斯行却喜值花開。

《失題》：

文字姚劉詩厲吴，畫成洨長字形模。汝南自叙分明在，作許何曾作邑無？

東澗人原不足論，集名有學却堪存。並時倦圃靈均外，芝麓梅村更櫟園。

四十知非悔酉陽，粲如汝器□□光。專門日□傳天錫，不把黄金鑄子昂。

初九日，寅刻行，大紅門謁陵，行三跪九叩禮。慕陵隆恩殿收工。辰初行，未食，宿淶水。以《易水志》還秋皋。雍正時所著，陋甚不足取。癖談論古之識在顧、董、李、洪之上，惟多武斷耳。知古幣與古器同一源，則識字易。《英沈筆記》頗有掌故，非昨暮所知也。

初十日，丑正行，巳正抵竇店宿。熱甚，塵土甚大，齒痛。集《聖母藏真帖》，知吴荷屋之書，得力於懷素也。

十一日，子刻起，丑初行，巳初進彰儀門。

十二日，巳刻少甫、菊農送奏底來，擬十四覆命。

丁亥（光緒十三年）

二月，派出隨扈兼查道。

初六日，卯正自寓起身，巳初到長新店，午初到黄新莊。芍農同行，晤青丈、小山、星叔、萊山。

初七日，午正上至行宫，申初皇太后至行宫，侍班。申正行，亥正半壁店，督李、藩松送席，以後日日送。

初八日，午正二上到行宫，申刻皇太后到行宫。

初九日，午刻上至行宮，未正皇太后至行宮，申正抵梁各莊。

初十日，辰刻上門，巳初上至行宮，午正皇太后至行宮。鄒振岳、劉樹棠、恩良、合肥、松峻峰、叔平、燮臣、頌閣來。

十一日，上寅正二、皇太后卯初二起鑾謁陵，例不侍班。上午刻、皇太后申刻還宮，俱跪安，申正三散直。

十二日，寅初起身，慕陵大饗禮，隨同行禮。上寅正啓鑾，皇太后未往。上未刻自九龍峪還宮，侍班。申初行，酉正到。秋瀾寅刻偕孫、徐至李帳房，隨豹尾後至東口子門，分路去。上到時僅一刻，食於營房。上侍皇太后九龍峪。申初上先歸，召見軍機畢，傳散，衆皆散。

十三日，上巳初、皇太后午正到。

十四日，上午刻、皇太后未正到，侍班。申初行。

十五日，上午正到，皇太后申正到。蔭申初行，戌正到家。晤仲華、珍亭，珍亭爲留彰儀門也。

前明十三陵始末圖説

前明十三陵
沙山嶺口
東山口
昌平縣

遊昌平
距前明陵寢
尚有二十里因
到此一覽
畧記筆
端爲未
遊者開
一眼界云爾
爾昌
大峪山
昭陵
筆架山
寶山
文武官員至此下馬
宮門
牌坊

前明十三陵始末圖說

明成祖長陵在昌平縣城北二十里，天壽山中峰之前。

明太祖，開國皇帝。姓朱，名元璋，字國瑞。江南鳳陽縣人。以布衣起兵，拜劉伯温爲軍師，征戰十八載。滅元，克成一統，定鼎於金陵，改國大明，建元洪武。在位三十一年，卜陵江寧。皇子甚多，分封外方，長子卒。太祖崩，葬於江寧。其孫建文即帝位。初，太祖第四子朱棣封燕王，委鎮燕京北平府，燕王乃有作爲之君，至此國富兵强，人民安謐。一日燕王夢生母甕后偏身焦黑，歷言被害之故，並告以復仇嗣位等語，言訖不見。燕王驚醒，遂集文武計議，王曰：「吾欲領兵赴金奔喪，藉探消息。」遂擇日統兵至金，屯城下。探知生母果被害，燕王怒，進城入宫欲待問故，馬后自縊。彼時建文在位四年，以帝位讓燕王，己遂奔往他方，隱於洪恩寺，削髮爲僧。南京平，文武歸順，燕王因嗣帝位，改爲永樂，謚爲成祖文皇帝。封官安民，起駕回燕，大封功臣，懋賞士卒。改燕京爲北京，改北平府爲順天府，修築城池，大其規模，遂移建帝都於此焉。因擬採選陵地，巡幸北至永安城今昌平縣駐蹕，聞城北龍母莊有賢士姚光孝者，博學詩書，精通地理。時有大臣剛丙等隨駕，並至龍母莊，正值莊内劉某娶婦下轎。帝告主人曰：「是日乃凶煞當值，五鬼在位，大凶。」因問是日何人所擇，主人答以姚某。帝召問之，光孝曰：「此日有紫微星相遇，下轎時有龍虎沖去凶煞，無相礙矣。」帝曰：「先生之才，吾不及也，既有此才，何不出仕？」光孝曰：「無由而進。」帝曰：「我即大明天子永樂也。」光孝跪伏。帝曰：「勿驚。朕今欲採陵地，封先生爲尋陵侯，著先生同往。」光孝叩頭，遂駐蹕於劉某焉。次早，君臣尋至湯山及潭柘寺等處，看其山象稍好，水法不利，復返駕至龍母莊河北天壽山，看其前後左右、遠近由起、祖至結穴，中有太祖少祖、穿帳起伏、過峽束氣等處，並有日月、五星、禄馬、貴人、貴器迎送，層層護衛。又觀其四維八幹，羅城周密，聚氣藏風，山環水抱，龍虎龜蛇，諸般靈瑞，無所不有。此誠王氣所鍾，天造地設大地也。光孝奏明，帝審顧，喜問曰：「生旺若此，葬後可綿蔭幾世？」光孝對曰：「萬子崇孫。葬於河南之地，即龍母莊之河南也。」帝又問曰：「祖陵修在何處？」光孝對曰：「此天壽山爲少祖，是龍氣過峽之處。天壽山中峰之前，黄土山下乃龍氣結穴之地，即爲穴星，可修於此。」帝復審視，又與從臣王賢、廖均卿共卜之，吉。由是擇定點穴之處，並周圍山圈地譜八十餘里，皆命爲此中地界。畢，起蹕回朝。至永樂七年五月，乃於昌平縣城北二十里天壽山中峯之前、黄土山下修陵，名長陵。坐癸，山丁向。命尋陵侯姚光孝、武義伯王通督工，在龍母莊河北立工部廠，備運工料。先從德勝口東北乾亥方源頭活水處修龍王廟一座，即於此處修水池九座、龍口九間，名九龍池。其水甚大，從向左巽絶位消去。又爲水陸行船之處，設官防守。又於東方數里外修長城、壩口、水閘，名曰東山口。又於西方數里外修長城，名曰西山口。又於小紅門北修水關二，以防水溢。又於向後北方各山口俱修關口，名曰灰石嶺、賢莊口、錐石口。舊有德勝口，復就其地新立關口。以上凡曰「關」、曰「口」，以及水旱近陵要區，俱設官弁防守，以備不虞。德勝口内有名溝崖者，崖上修碑亭一座，又修麻大庵一座。崖下修麻姑廟一座，内修大殿、配殿數間。再上又修老君廟一座，内修大殿十三間、兩旁修捨茶棚數間。上諸處皆重巒疊翠，水秀山清，林木□岸，殿宇四面環繞，益見近陵之地之壯麗不孤也。自縣西門北六里有白石牌坊一座，五架其上，梲檩櫟斗，拱柱腳排山插飛無木，俱以白石爲之，鐫刻工極精巧，旁有官房三十二間，今牌坊竪立，而房傾圮。少北有石橋三空。又二里至大紅門，門三道，東西二角門。門外東西各有牌刻曰：「官員人等至此下馬。」入門里許，有碑亭。重簷四出，陛中有穹碑，高三丈，龍頭龜趺，題曰：「大明長陵神功聖德碑」，仁宗皇帝御製文也。亭外四隅有汗白玉石柱四，俱刻交龍環之。其東有行宫，今亡。又北可二里，爲櫺星門。門三道，俗名龍鳳門，門之南有石人十二：

四勳臣、四文臣、四武臣，其高丈許。石獸二十四：四馬、四麒麟、四象、四槖駝、四獬豸、四獅子，各二立二蹲，近者立，遠者蹲。石柱二，刻雲氣，並夾侍神路之旁，迤邐而南，以接乎碑亭。碑文後書「洪熙元年四月十七日小子嗣皇帝某謹述」，蓋文成而碑未立。宣德十年四月辛酉修長陵、獻陵，始置石人、石獸等於御道東西。十月己酉建長陵神功聖德碑，是時仁孝皇后之葬二十有三年，成祖文皇帝之葬亦十有一年矣。然而始立者，重民力也。欞星門北里許名武坡。坡西少南有舊行宮，今存土垣一週。坡北一里大水橫之係九龍池流來之水，有石橋五空。又北二百步，有大石橋七空。大石橋東北里許有新行宮，有感思殿，今亡。宮東南即所立之工部廠及内監公署，今並亡。只有舊基大石橋。正北二里，有石橋五空。又二里至長陵殿門神道。嘉靖十五年世宗謁陵，始命以石甃，今稍殘缺。自大紅門内至殿門神道兩旁，松、柏、榆、槐、菓木等樹數十萬株，今翦伐盡矣。殿門三道，東西二角門，門内東神廚五間、西神庫五間。廚前有碑亭一座，南向内有碑，龍頭龜趺，無字。重門三道，榜曰「祾恩門」。東西二角門，門内有神帛爐，東西各一。其上爲享殿，榜曰「祾恩殿」，九間重簷，自柱頂至柁枋高三丈，面寬十丈，内連五層，共殿内四十五間。殿内黃木明柱四十餘根，每柱高三丈，周徑一丈一尺，中四柱飾以金蓮，餘皆髹漆。金磚墁地，中間楠木。大龕内供皇帝牌龕，刻雙龍環繞之形，與牌位之字皆以金填之。外階三道，中一道爲神路，中平外墄，其平亦刻雙龍形。東西二道皆墄，刻雲氣形。前後階同殿座，四圍有汗白玉石欄三層，俱刻花鳥形。兩旁皆有級，執事所上也。兩廡各十五間殿，後爲門三道，又進爲白石坊一座，又進爲石臺，其上爐一，花瓶、燭臺各二，皆白石。中腰有縫，内有水，至今四季不乾。又進爲寶城，城下有甕，甕中甬道，内爲黄琉璃屏一座，正中石門緊閉。門内爲隧道。門外兩旁有級，分東西上，折而南，是爲明樓，重簷四出。陛前俯享殿，後接寶城。城上有榜，曰「長陵」，中有大碑一，上篆書曰「大明」，下隸書曰「成祖文皇帝之陵」。字大徑尺，亦以金填之，碑用朱漆，欄畫雲氣。碑頭交龍方趺。寶城周圍二里，城内寶頂。土山上皆松柏，下有水溝，内有金井、石床在石門内隧道中，即金棺所在。自殿門左右，繚以周垣，屬之寶城。殿門外絶字位有宰殺亭一座。垣及寶城之内外植樹五百株，今仍叢茂。陵外正東方修長陵監一，城門西南開二門，内四圍，羅牆中修一院，爲守陵内監所居。夾道南北各修二院，各開二門；東西並修三院，開三門，爲守陵大小官弁所居。監外正南方數里外立長陵園一村，安民授田，爲守望相助之義。工竣，封姚光孝爲護國軍師。永樂在位二十三年，壽至六十五歲而崩，葬於長陵，仁孝文皇后徐氏先已從葬。

明仁宗獻陵在天壽山西峯下，東南距長陵一里。

成祖崩，太子朱高熾即帝位，改洪熙，是爲仁宗昭皇帝。即位後於天壽山西峯下黄土嶺前修陵，名獻陵。坐癸，山丁向，距長陵西少北一里，自北五空橋北三十餘步分西爲獻陵神路，至殿門可二里。有碑亭一座，重簷四出。陛内有碑，龍頭龜趺，無字。亭南有小橋一空，門三道，榜曰「祾恩門」，無角門，殿五間，單簷柱皆朱漆，直椽，堦三道，其平刻雲花，石欄一層，東西有級，兩廡各五間，餘制如長陵。殿有後門，爲短簷。屬之垣，垣有門，後有土山，曰玉案山，故闢神路於玉案山之右，有小橋。前數步又一小橋，跨溝水。溝水自陵東來，過橋下會於北五空橋。山後橋三道，皆一空。又進爲門三道，並如長陵，而高廣殺之。甬道平寶城，小冢半填，榜曰「獻陵」，碑曰「大明仁宗昭皇帝之陵」，餘並如長陵。山之前門及殿，山之後門及寶城，各爲一周垣，舊有樹，今亡。十二陵制，獻陵最樸，景陵次之。洪熙元年五月辛巳，上疾大漸，遺詔有曰：「朕臨御日淺，恩澤未洽於民，不忍重勞，山陵制度務從儉約。」是日上崩，皇太子即皇帝位，及營仁宗皇帝山陵，上諭尚書蹇義、夏原吉等曰：「國家以四海之富葬其親，豈惜勞費？然古之帝王皆從儉制，孝子思保其親之體魄於久遠者，亦不欲厚葬。秦漢之事，足爲明鑒，況皇考遺詔，天下所共知。今建山陵，予以爲宜遵先志，卿等之意如何？」義等對曰：「聖見高遠，發於孝思，誠萬世之利。」於是命成山侯王通、工部尚書黄福總其事，其制度皆上所規畫也。陵外西南方二里修獻陵監一，城門東開。監外正南方數里外立獻陵園一村，安民授田，其監與園之規制亦稍遜於長陵。工竣，仁宗昭皇帝葬於獻陵，後誠孝昭皇后張氏從葬。

明宣宗景陵在天壽山東峯下，南距長陵一里半。

仁宗崩，太子朱瞻基即帝位，改宣德，是爲宣宗章皇帝。即位後於天壽山東峯下名黑山嶺（又名松竹山）修陵，名景陵。坐艮，山坤向，距長陵東少北一里半。自北五空橋南數步分東爲景陵神路。至殿門三里。碑亭門廡如獻陵，殿五間，重簷，階三道。其平刻龍形殿座石欄一層，殿有後門，不屬垣殿。後門三道並如獻陵。明樓下甬道平，寶城長而狹，榜曰「景陵」，碑曰「大明宣宗章皇帝之陵」，周垣如長陵。寶頂上及寶城前有樹四十株，寶頂下石門、隧道、金井、石床以及壙内應設殉葬等物，均仿長陵，稍遜。陵外正南方修景陵監一，城門西開，其内規制與長陵監同。監之正南方數里外立景陵園一村，安民授田。宣德在位十年，壽至三十七歲而崩，葬於景陵。後孝恭章皇后孫氏從葬。

明英宗裕陵在石門山東，東距獻陵三里。

宣宗崩，太子朱祁鎮即帝位，改正統，是爲英宗睿皇帝。正統十四年，有司禮太監王振用事，擅作威福。英宗北狩土木，日久未返，英宗弟景泰攝政，是爲代宗。攝位七年，英宗返，景泰讓位。後景泰崩，葬於西山東四墓。正統復位，又改天順，於石門山下修陵，名裕陵。坐癸，山丁向，距獻陵西三里。自獻陵碑亭前分西爲裕陵神路，有小石橋，碑亭北有橋三道，皆一空，平刻雲花。殿無後門，榜曰「裕陵」，碑曰「大明英宗睿皇帝之陵」，餘並如景陵。寶城及寶頂下石門內外等處俱如獻陵，垣內及冢上樹一百六七十株。陵外正南方修裕陵監一，城門東開。監之東南方數里外立裕陵園一村，安民授田。天順在位八年，壽至三十八歲而崩，葬於裕陵。後孝莊睿皇后錢氏從葬。

明憲宗茂陵在聚寶山東少南，距裕陵里許。

英宗崩，太子朱見深即帝位，改成化，是爲憲宗純皇帝。即位後於聚寶山下修陵，名茂陵。坐癸，山丁向，距裕陵西北一里，自裕陵碑亭前分西爲茂陵神路，路有石橋一空，制如裕陵。殿之階欄及明樓、寶城、石門內外亦俱如景陵規制。榜曰「茂陵」，碑曰「大明憲宗純皇帝之陵」。垣內外及寶頂上有樹千餘株。十二陵惟茂陵獨完，他陵或僅存御榻，茂陵則簨簴之屬猶有存者。陵外西南方半里修茂陵監一，城門東開。監之東南方數里外立茂陵園一村，安民授田。成化在位二十三年，壽至四十歲而崩，葬於茂陵，後孝貞純皇后王氏從葬。

明孝宗泰陵在筆架山東南，距茂陵一里。

憲宗崩，太子朱祐樘即帝位，改弘治，是爲孝宗敬皇帝。即位後於史家山（又名筆架山）下修陵，名泰陵。坐壬，山丙向，距茂陵西少北二里。自茂陵碑亭前分西爲泰陵神路，路有石橋五空。賢莊、灰嶺，二水逕焉。碑亭北有橋三道，皆一空。其寶城、明樓、殿宇、階欄、石門内外，制如茂陵。榜曰「泰陵」，碑曰「大明孝宗敬皇帝之陵」。垣内、寶城内及冢上樹百餘株，殿上存御座、御案、御榻各一，承塵皆五色花板，多殘缺，而茂陵、泰陵完焉。陵外西南方半里許修泰陵監一，城門東開。監之正南方數里外立泰陵園一村，安民授田。弘治在位十八年，壽至三十六歲而崩，葬於泰陵。後孝康敬皇后張氏從葬。

明武宗康陵在金嶺山東北，距泰陵二里。

孝宗崩，太子朱厚照即帝位，改正德，是爲武宗毅皇帝。即位後於金嶺山又名八寶蓮花山之下修陵，名康陵。坐辛，山乙向，距泰陵西南二里。自泰陵橋下分西南爲康陵神路。山勢至此折而南，故康陵東向。路有碑亭，石橋五空，錐石口水逕焉，今圮。又前有石橋三空，享殿、寶城、石門等處制如泰陵。榜曰「康陵」，碑曰「大明武宗毅皇帝之陵」。後明樓爲賊所焚。垣内外樹二三百株。陵外東南方半里修康陵監一，城門北開。

監之西南方數里外立康陵園一村，安民授田。正德在位十六年，壽至四十一歲而崩，葬於康陵。後孝敬毅皇后夏氏從葬。

明世宗永陵在十八道嶺西，距長陵二里。

武宗崩，無子。舉皇族内武宗之堂弟、憲宗之庶孫朱厚總即帝位，改嘉靖，是爲世宗肅皇帝。即位後於十八道嶺（嘉靖十五年改名陽翠嶺）之下修陵，名永陵。坐艮，山坤向，距長陵東南二里。自七空橋北百餘步分東爲永陵神路，長三里，有石橋一空，碑亭一座，如獻陵而崇鉅過之。碑亭南有石橋三道，皆一空。門三道，門内東神廚、西神庫各五間。重門三道，東西二小角門。又進，復有重門三道，飾以石欄，累級而上方至中墀，殿七間，兩廡各九間。其平階刻左龍右鳳，石欄二層皆刻雲花，餘悉如長陵。殿後有門，兩旁有垣，垣各有門。明樓無甬道，東西爲白石門，曲折而上，樓之三面皆爲城堞。榜曰「永陵」，碑曰「大明世宗肅皇帝之陵」。享殿、明樓皆以文石爲砌，壯麗精緻。孝、長二陵不及也。寶城前東西垣各爲一門，門外爲東、西長街而設重垣於外垣，凡三周皆屬之。寶城其規制特大，云舊有樹，今亡。陵外正南方修永陵監一，城門西開。監之正南方數里外立永陵園一村，安民授田。嘉靖在位四十五年，壽至六十歲而崩，葬於永陵。後孝潔肅皇后陳氏從葬。

明穆宗昭陵在大谷山東北，距長陵四里。世宗崩，太子朱載坖即帝位，改隆慶，是爲穆宗莊皇帝，即位後於大谷山下修陵，名昭陵。坐乾，山巽向，距長陵西南四里。自七空橋北二百步分，西爲昭陵神路，長四里，路有石橋五空，德勝口水逕焉。又西有石橋一空，今圮。陵東南向。碑亭西北有橋三道，皆一空。餘如享殿、寶城、石門俱如康陵。榜曰「昭陵」，碑曰「大明穆宗莊皇帝之陵」。後明樓爲賊所焚，樹亡。陵外正南方半里修昭陵監一，城門南開。監之東南方數里外立昭陵園一村，安民授田。隆慶在位六年，壽至三十六歲而崩，葬於昭陵。後孝懿莊皇后李氏從葬。

明神宗定陵在大峪山，東距昭陵一里。穆宗崩，太子朱翊鈞即帝位，改萬曆，是爲神宗顯皇帝。即位後於大峪山下修陵，名定陵。坐戌，山辰向，距昭陵北一里。自昭陵五空橋東二百步分，北爲定陵神路，長三里，路有石橋三空。陵東向。碑亭東有橋三道，皆一空，制如永陵。其不同者，門内神廚、庫各三間，兩廡各七間。三重門旁各有牆，牆有門，不升降中門之級。享殿後有石欄一層，而寶城從左右上。榜曰「定陵」，碑曰「大明神宗顯皇帝之陵」。後寶城及殿廡門俱焚，樹亡。陵外西南方修定陵監一，城門北開。監之東南方數里外立定陵園一村，安民授田。萬曆在位四十八年，壽至五十五歲而崩，葬於定陵。後孝端顯皇后王氏從葬。

明光宗慶陵在天壽山西峯右東南，距獻陵一里。

神宗崩，太子朱常洛即帝位，改泰昌，是爲光宗貞皇帝。即位後於天壽山西峯右黄土嶺下修陵，名慶陵。坐癸，山丁向。又云此陵原景泰所建，俗謂景泰窪是也。距獻陵西少北一里。自裕陵神路小石橋下分東北爲慶陵神路。長二十餘步，有橋一道，一空，制如獻陵，平刻龍鳳。殿柱飾以金蓮，殿無後門。殿後繚以垣，門一道，門北有橋三道，皆一空。其水自殿西下，殿門西又有一小橋，爲行者所繇。殿北過橋有土崗，自東而來，至神路而止。崗後周垣，門三道，如獻陵寶城。東西直上至中，復爲甬道而入。榜曰「慶陵」，碑曰「大明光宗貞皇帝之陵」。殿門前及垣内外寶頂上共樹五百株。陵外西南方半里許修慶陵監一，城門東開。監之正南方數里外立慶陵園一村，安民授田。泰昌在位數月，壽至三十九歲而崩。葬於慶陵，後孝元貞皇后郭氏從葬。

明熹宗德陵在金鎖山檀子峪西南，距永陵一里。

光宗崩，太子朱由校即帝位，改天啓，是爲熹宗悊皇帝。即位後於檀子谷下修陵，名德陵。坐乙，山辛向，距永陵東北一里。自永陵碑亭前分，北爲德陵神路。碑亭前有橋三道，皆一空，制如景陵。平刻龍鳳，殿柱飾以金蓮。殿無後門。榜曰「德陵」，碑曰

「大明熹宗悊皇帝之陵」。樹亡。凡殿樓門亭俱黄瓦，陵外西南方修德陵監一，城門北開。監之西南方數里外立德陵園一村，安民授田。天啓在位七年，壽至二十三歲而崩。葬於德陵，無后從葬。

明莊烈帝思陵，在錦屏山昭陵西，距西山口一里。

熹宗崩，無太子，舉熹宗弟朱由檢即帝位，改崇禎，是爲懷宗莊烈愍皇帝。在位十七年，未及修陵。鹿馬山即錦屏山，有田貴妃墓，距西山口一里。崇禎壬午，妃薨，葬此，遣工部左侍郎陳必謙等營建。未畢，流賊李自成犯闕，都城失守。彼時衆臣逃散，惟太監王承恩隨帝赴難。周皇后料勢已孤，先自刎，帝乃縊於煤山，名萬歲山。王承恩亦同時死帝側。賊以帝后梓宫至昌平，士民謀欲率錢募夫，葬於田妃墓内，聊斬蓬藋以封之，惟時昌平州今已改縣吏目趙一桂因呈開壙捐葬事云：「恭照明陵當昌平州天壽山，卑職於崇禎十七年正署州捕，遭都城陷没，故主縊崩。至三月二十五日，順天府僞官李紙票爲開壙事：『仰昌平州官吏即動官銀，僱夫速開田妃壙，安葬崇禎先帝及周皇后梓宫。四月初三日發引，初四下葬，毋違時刻。』彼時州庫如洗，監葬官禮部主事許作梅因葬主限迫，亦再三躊躇。趙一桂與好義之士孫繁祉、白紳、劉汝林、王政行等十人共捐銅制老錢三百四十千，僱夫啓閉。初四日申時，候崇禎靈到，即停於祭棚。趙一桂親領夫役入壙宫内，即將田妃移於石床之右，次將周后安於石床之左。後請崇禎之棺居於正中。田妃葬於無事之時，棺槨俱備。崇禎有棺無槨，遂將田妃之槨移而用之。三棺之前各設香案、祭器畢，將二座石門關閉。當時掩土地平，尚未立冢。至初六日，差人傳附近西山口地方撥夫百名，各備掀掘，筐擔舁土築完。趙一桂與孫繁祉等亦捐貲五兩，買甎修築周圍。」冢牆高五尺有奇，名思陵。坐子，山午向，此創葬於變亂之際，規制狹隘。無殿宇、明樓、寶城，亦未修監立園。陵外西側有御馬監，遂將王承恩葬此，即爲王承恩之墓。至前清定鼎，特遣工部復將崇禎陵寢修建享殿二間、靠牆一周，使前朝故主不致淪没於荒郊，君后猶享血食於後世。後於陵外修思陵監一城，監外立思陵園一村，亦安民授田，其規模局勢稍遜於諸陵。並修王承恩墓以昭死難之節。思陵葬日，仁和龔光禄佳育流寓昌平，地宫例書「某帝之陵」，合以石板，奉安梓宫之前，時倉卒不及礱石，以甎代之，鈐之以鐵，乃光禄所書也。光禄嘗語人曰：「壙始開，入石門，地甚濕，其中衣被等物多黵黑。被止一面是錦繡。餘皆以布。長明燈油僅二三寸，缸底皆水，其金銀皆以銅鉛充之，當時中官破冒，良可憾也。」

諸后祔葬

孝烈皇后方氏祔葬永陵。孝安皇后陳氏祔葬昭陵，穆宗之繼后也。孝肅皇后周氏祔葬裕陵，憲宗母也。孝穆皇后紀氏、孝惠皇后邵氏祔葬茂陵，孝宗母、睿宗母也。孝恪皇后杜氏祔葬永陵，穆宗母也。孝定皇后李氏祔葬昭陵，神宗母也。孝靖皇后王氏祔葬定陵，光宗母也。孝和皇后王氏、孝純皇后劉氏祔葬慶陵，熹宗母、大行皇帝母也。而熹廟懿安皇后張氏不知所終，事莫得而詳焉。

諸貴妃墓

宮人從葬之令至英宗始除，故長陵有東西二井，東井在德陵東南，饅頭山之南，西向，西井在定陵西北東向。並重門，門三道，殿三間，兩廡各三間，緑瓦周垣。《會典》言「長陵十六妃從葬」，位號不具。曰「井」者，蓋不隧道而直下，故謂之「井」。或曰《越絶書》有「禹井」，井者法也。禹葬以法度，不煩人衆，當日命名之意，或有取於此與？自英宗既止宮人從葬，於是妃墓始名。或在陵山之内，或在他山。其在陵山内者則自昭陵之左，九龍池上，南行二里許爲蘇山，有萬貴妃之墓，憲宗妃也，制如二井。東向又南爲銀錢山，有鄭貴妃，暨二李、劉、周四妃之墓，神宗妃也，制如二井。南向，今毀，又南爲襖兒峪，有四妃、二太子墓，中閻妃、王妃，左馬妃，次左哀沖太子；右楊妃，次右莊敬太子，世宗妃太子也。又南爲悼陵，制如二井。東南向孝潔皇后陳氏，初謚悼靈，葬此。世宗崩，遷永陵，而其封兆尚存，旁有沈、文、盧三妃之葬，至今猶曰「悼陵」云。又縣城東大道，北有劉妃墓、惠妃墓。

明蘄獻王墓、滕懷王墓在縣城東十五里綿山仁宗子也。

明東平王墓，在縣城東北一百二十里被澤山。

明王承恩墓，在思陵西。

思陵右爲司禮監太監王承恩墓，以從死祔焉。前清定鼎後，順治十六年世祖章皇帝因祭明諸陵，並祭明愍皇帝陵，惻見其墓，乃命從臣李霨爲之撰墓碑云：

上北幸昌平，致祭明陵，念明崇禎帝勵精遭亂，亡國非辜，業爲建碑陵寢。迨車駕蒞止，瞻眺致敬，爲感惻者久之。顧見陵側有丘山歸然，爲明故司禮監秉筆太監王承恩墓，蓋殉崇禎帝於萬歲山者也。因憫其忠義，隨命從臣麻勒吉酹酒於其前，復命從臣霨撰書其事，碑於墓道。在昔崇禎甲申之變，大盜煽亂，海宇土崩。崇禎帝孤立於上，封疆大吏望風而靡，在廷之臣怡然罔覺，及賊薄都城，陷不旋踵。帝執國君死社稷之義，赴萬歲山上。賓惟承恩，分屬親臣。情深戀主，自經帝側，視死如歸。嗚呼！中官殉國，推爲千古一人，洵無愧矣！

明守備王政行墓在縣城西小營村外。

初，李自成破京師，帝后既崩，以車一乘載出東門。外棺以柳木，置道旁。時皆僞官，無以爲意，於是有十人者痛哭。王君倡首，相與出家財，得錢三百五十千爲請於官。啓懷宗故妃田氏之墓，迎梓宮而合葬。凡畚鍤斥復之事，皆王君親爲勞累。君諱政行，號次泉，世居昌平之福會里，祖泰、父三省皆業農，不仕。君生於萬曆戊戌二月，卒於康熙甲辰三月。即以其年四月葬於其里小營村之原。其九人亦有世居昌平，業商業農者，惜其住趾原委，今無考焉。

前清世祖章皇帝祭明諸陵文：

維順治十六年歲次己亥仲冬戊午朔十有七日甲戌，皇帝致祭於明成祖皇帝、仁宗皇帝，宣宗皇帝、英宗皇帝、憲宗皇帝、孝宗皇帝、武宗皇帝、世宗皇帝、穆宗皇帝、神宗皇帝、光宗皇帝、熹宗皇帝。諸帝丕承鴻運，撫有寰區。蒞政理民，爲一代主。朕巡幸畿輔，道經昌平，瞻陵寢之在兹，景流風而興感。特以牲帛醴齊庶品之儀，用申祭享，尚其歆格。

前清世祖章皇帝祭明崇禎帝文：

維順治十六年歲次己亥仲冬戊午朔十有七日甲戌，皇帝致祭於明莊烈愍皇帝曰：維帝英姿，蒞政志切。安民十有七年，勵精靡懈。詎意寇亂國亡，身殉社稷。向使時際承平，是稱令主。祇以襲敝政之餘，逢陽九之運。雖才具有爲，而命移莫挽。朕恒思及，憫惜良深。今因巡幸畿輔，道經昌平。陵寢在焉，顧瞻增感。特以牲帛醴齊庶品之儀，用申祭享，尚其歆格。

前清世祖章皇帝諭修明崇禎帝陵詔

朕維膺圖永祚，統紹百王而創業宏模，情殷勝國。歷觀史册興亡之跡，考其治亂得失之由，愈以政荒，遂干天譴。邦國既墮，士民罔懷。維有明莊烈愍皇帝，實治理之究圖，惜贊襄之莫逮。以致寇氛犯闕，宗廟爲墟，追念喪師，非因失德。朕每念及此，未嘗不惻焉心傷也。頃者兩幸昌平，周視明代陵隧，躬親盥奠，俯仰徘徊。以彼諸陵規制咸壯麗相因，獨愍帝之陵荒凉卑隘，典物未昭。原彼當年孜孜求治，宵旰不遑，祇以有君無臣，薄海鼎沸，洎乎國步傾危，身殉社稷。揆之正終之例，豈同亡國之君？朕於憑弔之餘，撫往興悲，不禁流涕。因欲繕治陵寢，丹堊几楹，慰靈爽於九京，彰異數於奕禩。乃核少府金錢，悉皆小民正供。倘增工徒之費，殊乖賦式之經，然終不忍聽其闕畧，用是布告方州，開導悃忱，交相論助，聿新黝堊，以肅松楸。爾等溯厥源流，夙沐前朝之澤，凡茲臣庶，寧無故主之思？矧愍帝之終異於往葉，而勸忠之感當有同心。或列籍薦紳，或齒登編户，恩沾累世，德濊高曾。勿以革故爲嫌，致歉事亡之誼。各隨心力，共佐經營。在内所捐貯之工部，各直省地方輸之有司，彙解工部。獨慮經費浩繁，紓以歲月。計資罔缺，工役乃興，繚以周垣，崇其寢殿，奢靡不尚，雖少遜厥諸陵，鳩比獨新，庶無曠乎？儀制所在奉行，毋滋擾害。克成斯舉，式副朕心。

前清世祖章皇帝御製明内監王承恩碑文

朕聞烈士殉名，齎志而没，貞臣衛主，捐軀以從。自有明失馭，寇陷都城，懷宗皇帝敦國君死社稷之義，崩於石室。時有司禮監秉筆太監王承恩者，攀龍髯而矢志，甘雉經以從君。陪縊於傍，死而猶跽。嗚呼！若承恩者，可謂事君有禮，不忘其忠者矣。夫人臣事主，無二厥心。爲其易者與爲其難者，途徑若分，理道則一。人臣之懷二心者，倖圖苟免，甘心事讎，乃在平日侈讀詩書、高擁爵位之人。無論生無以爲人，死無以爲鬼，對若人，其亦何地置足耶？朕殲厥巨憝，用彰民彜，既禮葬懷宗皇帝於思陵，因賜承恩塋域一區，俾葬兆外，以從厥志。仍賜之香火田地，豎之穹石，使後世知艱危之際，內員中乃尚有忠烈而死如承恩者。

前清世宗憲皇帝明十三陵祭文：

國家善政覃敷，鴻恩徧洽，而殊禮更施於勝國，優秩特加於後人。廢絶之祀復興，妥侑之靈有託。隆規錫慶，奕禩承休。仰惟聖祖仁皇帝至德同天，深仁溥地，萬幾之暇，睠念前猷。謂有明太祖創業維勤，宅心克廣，經文緯武，英畧蓋於九州；酌古準今，制作隆於一代。逮於季世，雖無暴虐之君；爰至末年，每值災荒之運。因賊徒之蠭起，致鼎祚之潛移。我朝戡定寰區，屢加恩澤。禁樵蘇而設護，詣陵寢以薦馨。然而胄裔浸微，春秋闕祀，皇情感惻，每眷遺徽，宸翰留貽，將行曠典。朕上承先志，命考宗支，以明太祖第十三子代簡王之裔恩賜阿思哈尼哈番朱廷文之嫡孫朱之挺授爲一等侯，列五等之班，備三恪之典，俾傳世爵以奉蒸嘗，載焕儀章，用申祭告。於戲！崇階厚禄，我國家特沛夫殊恩；禱露降霜，帝子孫永承其禋祀。尚其歆格，監此榮施。

前清世宗憲皇帝防護明陵諭：

前明諸帝，不無功德於民，其敬禮崇奉之心，即異代亦不當弛懈。況陵寢所在，乃神所憑依，尤宜加意防衛，以申仰止之忱。朕於雍正元年恩詔內即以修葺歷代帝王陵寢通行申飭，亦恐有司相沿積習，視爲泛常。嗣後著於本年年底令該地方官將防護無虞之處結報督撫造冊，轉報工部彙齊奏聞。倘報不實，將該督撫及地方官分别議處。明太祖陵在江寧，昔我聖祖仁皇帝屢次南巡，皆親臨祭奠，禮數加隆。著江南總督轉飭有司加意防護。其明代十二陵之在昌平者，自本朝以來即設立内監陵户，給以地畝，令其虔修禋祀，禁止樵採，並差人員時加巡視，務令地境之内清净整齊。倘陵户或有不敷，著該督酌議加增。此南北明陵二處，亦著該督撫於每年歲底冊報工部彙奏。雍正二年

前清高宗純皇帝再重修明陵諭：

直隸昌平州今改縣爲前明陵寢之地。本朝定鼎後，我世祖章皇帝即命以帝禮改葬思陵，並敕工部修葺諸陵，親臨奠酹，並禁止樵採，添設陵户。我皇祖聖祖仁皇帝亦曾親臨致奠，並飭地方官加意防護。所以加禮前代者，最爲優渥。朕此次行幸湯泉，取道昌平，躬詣長陵致奠，見諸陵寢明樓、享殿多有損壞，神牌龕案亦遺失無存。爲之慨然弗忍視。蓋由明代中葉以後，國事廢弛，全不以祖宗爲念，於陵寢並未修葺。至末年，復經流寇擾亂，亦無人守衛，以致日就傾圮。若其後代之君果能歲加繕治，整齊完固，逮今不過百有餘年，亦何至頹剥若此？又諸陵前雖建有碑座，均未鐫泐，未知彼時是何意見。今視臨奠醊，周覽之下，深爲軫惻。自應重加葺治，增設龕位，俾臻完備。再我朝開創之

初，睿親王以我師取遼東時，明之君臣惑於形家謬説，將房山縣金陵拆毀，是以邇時睿親王亦將定陵享殿撤去，停其祭祀，今應一體修復。所有定陵享殿著仍行修建，春秋祀事如故。又明世宗永陵，前因尹嘉銓條奏等情見《日下舊聞》，將其祭禮裁撤，但前明之亡，不亡於崇禎，而亡於萬曆、天啓，是以於歷代帝王廟中，撤其位祀，而陵寢仍前致祭。世宗尚不致如萬曆、天啓之昏庸失德，其陵寢自應照常一體致祭，以昭大公。此次修復諸明陵殿宇等，工即費至百萬帑金，亦所不靳。所有此項工程，著派尚書劉墉、德保、金簡，侍郎曹文埴、德成，董率經理，務期完固。工成後，飭該地方官隨時稽查，小心防護，嚴禁樵蘇，用副朕隆禮勝國至意。乾隆五十年

前清高宗純皇帝因重修明陵工竣復行禁止樵採簡派稽查：

順治年間，因明陵附近居民於陵傍樵採，曾奉諭旨禁止，並添設陵户看守。數十年來稽查不力，兼被風雨摧殘，以致殿宇損壞，牆垣欹側。前年朕親臨奠醊，緬懷前蹟，是用惻然。因特發帑金，揀派大臣監督，將各陵重加修葺。兹届工竣，朕便道親臨閲視，殿宇焕然，松楸如舊。第恐閲時既久，地方官查禁不力，復不免有私行樵採及殿宇牆垣間被風雨損壞等事，嗣後應交直隸總督責成昌平霸昌道今已裁撤就近專管稽查。仍於每年十月，著工部届期奏請，派該部堂官一員，前往查勘。如有殿宇、牆垣、樹株傷損情事，

惟該管道員是問，以示朕加禮勝朝，保護舊陵之至意。乾隆五十二年

前清仁宗睿皇帝因閱明陵復申例禁：

本日朕親至明成祖長陵酹奠，並遣大臣分詣諸陵行禮。憑眺山林彌深，殷鑒敬念。皇考高宗純皇帝特諭重修明帝諸陵明樓、享殿，規制煥然，嚴禁樵蘇，松楸無恙。茲朕鑾輅親臨，再申例禁，著該地方官以時飭令守陵人户敬司灑掃，並嚴禁砍伐樹木，侵佔周垣附近地界及明堂正路，永遠遵奉，毋得懈弛，以副朕恪守前謨，培護勝國陵寢至意。

嘉慶九年

前清高宗純皇帝北幸昌平謁明陵八韻乾隆五十年春：

望鍾阜之松楸，巡塗必詣；指昌平之表碣，蹕路茲臨。維十三陵之兆域相依，經百餘年而德怨久泯。況得之賊手，立統正而仇復前朝；且優以侯封，布澤深而仁欽祖德。雖採樵禁於令甲，而閱歲或致頹初。值此親瞻，惻然睠念。忍聽丹陊粉剥，無繼體以銷沉；依然隧闕堂深，發重帑而賁飾。彼何示人以不廣，毀及金源？我惟懍天之難諶，假茲殷鑒。摛八韻而成斯詩什，等百世則具在鑒評。

驅除本是藉餘閏，表正由來超古今。廣運親承一統大，勝朝消隔百年深。山陵念以北鄰近，車駕因之此日臨。德怨久哉幻時世，興亡昭矣惕予心。雖云樵採勤禁護，亦惜

殿堂逮圮沉。應悟有成郙無廢，當忘彼悊毀其金。地官靳靳費帑項，冬部爰教飾鼎林。即故寢園是明監，靡常天命懍難諶。

又哀明陵三十韻： 乾隆五十五年夏

北過清河橋，遥見天壽山。勝朝十三陵，錯落兆其間。太行龍脉西南來，金堂玉户中間開。左環右拱實佳城，千峯後護高崔巍。昌平縣名黄土山名誠福地，永樂會以親臨視。英雄其眼目非常，豈待王賢廖均卿陳其藝。或曰十三氣數盡，朱明祚以此爲準。是蓋形家惑世言，承天造命惟君允。後嗣果能繼祖烈，朱氏宗社那遽絶。君昏國事付貂璫，瞻烏久矣於誰瞥。向聞頗廢應修治，工鉅無取發其辭。湯山駐蹕一往閲，勝朝舊蹟當護持。祾恩殿名制肖皇極殿名建，雖存已剥丹青爛。宣德曾頌祛奢麗，此而非奢奢孰見？石城明樓依然巍，三杯酬酹拜如儀。明臣屢永衣冠閟，底須重訂傳訊詞。棟柱如舊椽本朽，簷瓦落地狐兎走。以其初建工力觀，未修豈數百年久？永陵制乃如長陵，定陵效之侈有增。忘其前世艱開創，徒計身後胥堪輕。長陵一碑功德記，餘皆有碑而無字。秦山以後唐乾陵，此典何出竟爲例。思陵乃就妃園葬，趙一桂曾記開壙。香殿三間復九間，寢牀供案皆雄壯。一妃之費已如此，餘諸帝者可知矣。即今雖爲禁樵蘇，松柏鬱葱屋傾圮。屋圮猶可龕帳無，並其神主全失諸。尺木值幾亦盜去，汝祖獨非厥民乎？不忍再視命修葺，悚然悵然欲垂泣。此意弗更再三言，讀召誥文示詳悉。

過清河望明陵各題句：乾隆丁未季春

六度南巡，洪武必瞻。廟貌近兹，北眺永樂，一奠椒漿。定鼎燕京，排衆議而具卓識；秘衣天壽，示百載更有深謀。故異代爲之護持，飾新葺舊，爰命水部之臣發價雇工，不惜地官之帑。逮去冬乃蕆事，視季春以落成。蓋自上澣廻鑾，遇閒每以成什。逮兹避暑啓蹕，竣詠遂以登篇。

望成祖長陵題句：

唐宗明祖弗相殊，唐則失弦明有需。事債率多咎齊泰？禍根應識始三吾。遷京違議辭江國，卜鼎深謀定帝都。宏制倣成奉天殿，終於無用若爲乎。

唐太宗、明成祖皆英雄也。其處家門事大同而小異者，蓋因唐高祖無能爲，建成、元吉之禍又逼，故太宗不得不倒行而逆施。若明太祖，乃有能爲者，故成祖畏而弗敢，即動以待後日。然使太祖弗聽劉三吾之言，立成祖爲太子，亦可無靖難之禍矣。此蓋二帝之所遇不同，有幸有不幸耳。

望仁宗獻陵題句：

獻陵近在長陵右，十二陵中儉約首。朱氏之君實巨擘，惜乎一載位不久。使其臨蒞歷多年，漢文宋仁不足醜。但盡子職不知他，毓德者應爲法守。然而其時亦殆哉，楊溥黃淮下獄因讒口。是則立儲可行哉？計久長應酌臧否。楊黃事載《明史》

望宣宗景陵題句：

長陵頌淳樸，其言未必允。景陵實淳樸，觀之美德藴。英祖有肖孫，儀型服以近。修政平强藩，繩武業弗隕。椓人俾通文，涓涓誠未謹。陳祚郭循怒下獄，則是一時憤。殿壁繪《豳風》，信知民務本。不失爲賢君，後世乖厥準。

望英宗裕陵題句：

親征開釁聽權閹，幸得還朝南内潛。不以播遷咎王振，翻因復辟恨于謙。便些小善何足紀，從婦寺凶豈待占，景帝易儲信貪位，鬩牆尺布竟招嫌。英宗及景泰事均見《明史》

望憲宗茂陵題句

口宣經義具文徒[一]，載《明史》，劉定之仍請弗須。遂使情如千里隔，相看默乃一言無。雪冤幹蠱則誠善，蠲賦省刑不可誣。增廠乘時恣煬竈，早成家法興亡俱事載《通鑑輯覽》。

望孝宗泰陵題句：

雖常有善政，然亦任中涓。積重原難返，去奢果是賢。一倉萬石備，實鮮博名傳。

[一] 原作「共」，據《御製詩五集》卷三十二校改。

享年只卅六[二]，多忘《無逸》篇。

《明史》載諸帝，太祖、成祖而外，治績有可稱者，仁宗、宣宗、孝宗而已，然孝宗所處與仁、宣異，仁、宣之際，國勢初張，綱紀修立，二宗蒙業兢兢，易稱令主。至成化以後，天下襲太平數十年矣，晏安久則不期怠而自怠，豐亨積則不期奢而自奢。孝宗獨能恭儉有制，勤政愛民，庶幾知保泰持盈之道者，獨不免信倚中官，假之事柄，東廠之恣肇端於此，涓涓不塞，咎亦難辭。然其設施未終，年僅三十有六，有足惜爾。明自太祖、成祖以來，踐祚久而享年永者概不多見。其自弘治以前如洪熙、成化僅閱四旬，宣德、正統甫踰三十。其在弘治以後，正德、隆慶亦僅踰三十。神宗雖踰五旬，終不免怠荒失德。至天啓弱冠而殂，享年更促，可見耽樂是從，罔或克壽，理誠不爽。《無逸》之書以嚴恭寅畏爲祈天永命之本，而以不知稼穡艱難、不知小人之依爲戒。統觀有明諸帝年祚修短，足爲明徵。因論弘治之事，附申論之，以昭炯戒云。

望武宗康陵題句：

連疏請誅閹，驚泣忘食矣。尚可諉年少，及壯益堪鄙。惡事無弗爲，實厭數上聲僂指。莊宗李天下，成帝張公子。較彼尤甚焉，不亡更何俟。而竟未即亡，殊難究此理。

[二] 原作「三十六」，據《御製詩五集》卷三十二校改。

向著讀《召誥》，約畧明其旨。

按天之視君，猶父之視子，父於子無不亟其愛，子於父當無不亟其敬。然及其一再失敬，猶必訓晦之至。怙終弗悛，則亦弗愛之而已。如明永樂之篡位，大行誅戮，應亡而弗亡；正統之北狩，應亡而亦弗亡；正德之荒淫失德，應亡而尚弗亡，此非慈父之宜其罪而仍有所顧惜之意乎？必至萬曆怠政，天啟童騃，崇禎有猜忌之失，無恢復之能，而後亡之，天意昭昭可監。予嘗以爲有明二百七十餘年，傳世十六，非昊蒼慈覞不及此，可不慎乎？可不懼乎？兹因望康陵題句，有鑒於難諶靡常之戒，復申論之。

望世宗永陵題句：

但知私孝忘公議，璁萼因開僥倖門。既以修齋習黄老，那更平聲戀世侈陵園。去奸匪聽忠臣諫，斥佞乃因方士言。白兔仙桃誇上瑞，較於漢武倍爲昏。

按《明史》，嘉靖欲推崇興獻，本屬人子至情，假定集議之初，即定爲本生，尊以帝號，使其報本之意既申，或可隱全大義。乃一時廷臣紛紛聚訟，必執濮議相持，遂使張璁、桂萼等阿諛逢迎，激成過舉。予向作《濮議辨》，以局外而觀局中，爲之權衡斟酌，期合夫天理人情之正，俾萬世本支承統者有所折衷，因向題永陵，復申論之。

望穆宗昭陵題句：

隆慶堪稱明帝良，石星猶諫廢朝章。語緣遏抑内臣故，廷杖受譽非受殃。《通鑒輯覽》載隆慶二年之事。

望神宗定陵題句：

明帝鮮善政，然或一二有。玆今論定陵，乃無一可取。少時擅居正，任爲弗可否。長懶見廷臣，股肱隔元首。以私弗立儲，争産益可醜。賢黨奸黨混，致此誰之咎。蓋天厭明德，縱之歷年久。明亡定於斯，戒萬世不朽。

望光宗慶陵題句：

記稱國將亡，則必有妖孽。三案萃泰昌，遇時遭決裂。踐祚未及月，紀年半載缺。史贊潛德彰，蓋勉爲之説。按泰昌三案之事載《明史》

望熹宗德陵題句：

明之天啓秦二世，昏闇大抵相同爾。所以趙高及忠賢，其用奸亦相比擬。然二世猶稍自肆，天啓諸事不由己。俾之斧鑿恣兒戲，乳母竟至戕妻子。斯固可嗤亦可憐，明祚安得不亡矣。剷除金陵爲厭勝，亦蓋由於奸宦耳。睿王報德以直爲，聞其明樓被焚毁。即今重修復舊觀，以德弗以直尤美。

按史鑑均載明至神宗末年綱紀廢壞極矣。重以天啓昏懦，婦寺竊權，濫賞淫刑，忠良慘禍，不可殫述。旋將房山金代諸陵拆毀，斬斷地脉。又建關廟於其地，以爲厭勝，實屬乖謬。然其時天啓童騃，國是久置不問，殆亦魏忠賢輩猖狂恣肆，任意妄行，不必歸咎於天啓也。迨我師入定燕京，睿親王以尼堪外蘭之釁，焚毀德陵明樓、享殿。夫修怨復仇，臣子之通義，在睿親王自當以直報怨，非爲已甚。但今閲百數十年，德怨久泯。昨因修復明陵，仍命將天啓德陵明樓、殿廡一律興造，俾還舊觀。此則以德報怨，自古所無，盖在我寧失之過厚耳。

望懷宗思陵題句：

大廈支寧一木材，等爲明更濟多猜。勤勞甚亦從虚耳，社稷殉之誠壯哉。就寢飾終經早備，起樓設主更重培。得非其乎報從厚，萬古皇清德量恢。

前清[一]世祖定鼎，命以禮改葬，即田妃園寢建陵，並親詣昌平致祭，祝以祭文，加謚莊烈，而一切明樓、享殿之制未大備。今重爲修葺，悉如别陵，並普立神牌木主供奉，以妥享祀焉。

按《明史》，崇禎承神、熹之後，大勢已傾，淪胥莫挽。即位之初，尚有志於明作有爲，而燭理不明，徒事苛察，加以多疑偏執，往往於瑣屑處推尋小過，而巨惡轉任其

[一]「前清」，《御製詩五集》卷三十二作「我」。

朦混。嘗謂其無恢復之能，有猜忌之實，非刻論也。故在位十有七年，憂勤惕勵，無裨阽危，有足惜者。卒之身殉社稷，慇烈可稱，與自古亡國之君有間。本朝得統正大光明，取非其手，既爲雪恥復仇，而飾終典禮［疊從優厚］［一］，復訪其後裔，至今世襲侯封，春秋命其祀陵，皆自古施仁勝國者所未之有也。兹因睇望各陵，各爲系什，並尚論當年興廢之由，亦以示萬世殷鑒云爾。

前清仁宗睿皇帝謁明陵八韻嘉慶九年季春：

請兵雪恨逐流賊，正位中華大統彰。代謝應天泯德怨，敬勤御極鑒興亡。封侯布惠祖恩浩，發帑修陵考澤洋。嚴禁採樵仍守護，重新閟殿免殘荒。至今未絶春秋祀，稽古孰存典籍詳。鍾阜曾瞻龍虎踞，壽山始覩檜松蒼。漫論形勝皆陳蹟，益感廢成飭大防。酹奠階前衷倍凜，求安圖治念苞桑。

［一］「疊從優厚」四字原闕，據《御製詩五集》卷三十二補。